Sepot 140

667

TANNHÆUSER

LOHENGRIN — PARSIFAL

TRADUIT DE L'ALLEMAND PAR A. DELPIT

Avec une Introduction sur la Vie et les Œuvres de Richard Wagner

LES OPÉRAS

DE

WAGNER

—✕—

TANNHÆUSER

LOHENGRIN — PARSIFAL

TOME I

PARIS	BORDEAUX
CHAMUEL, Éditeur	G. DELMAS, Imprimeur
5, Rue de Savoie	Rue Saint-Christoly, 10

1896

« Interrogez-vous mainte-
» nant, races actuelles des
» hommes! Est-ce bien pour
» vous qu'a chanté ce poète?
» Avez-vous le courage de
» montrer du doigt les astres
» de ce firmament, où la
» beauté et la bonté rayon-
» nent, et de dire : « C'est
» notre vie que Wagner a
» mise en ces étoiles. »?

NIETZSCHE.

Pour paraître prochainement :

THÉATRE COMPLET DE WAGNER

Tome II. — *L'Anneau du Niebelung*, comprenant *l'Or du Rhin*, *la Walkyrie*, *Siegfried*, *le Crépuscule des Dieux*. Ce tome sera précédé d'une introduction sur la dramaturgie de Wagner et la grandeur éthique de son théâtre.

INTRODUCTION

Il est peu d'hommes pour qui la vie ait été plus ingrate et plus amère que pour Richard Wagner, mais il n'en est peut-être pas qui aient montré, au milieu de constantes adversités, sous les coups redoublés de la fortune, un plus mâle courage, une sérénité plus parfaite et une grandeur d'âme plus belle. Il n'est pas de souffrances, il n'est pas de déceptions qu'il n'ait connues dans le cours agité de son existence ; et s'il ne s'est point laissé abattre par la douleur, s'il a pu mépriser les injures du sort, c'est qu'une âme élevée, une âme de poète animait ce grand génie. {Ame de Wagner}

Il sentait qu'il avait à remplir en ce monde déchu une sainte et haute mission : la régénération de l'humanité par l'Art. Et toute sa vie il appela de ses vœux le temps où l'âme humaine, magnifiée et devenue artiste, ne serait plus avilie par les grossiers instincts qui l'ont jusqu'ici nourrie à travers les âges, mais où, enflammée d'un noble idéal, elle n'aurait plus pour but que la recherche et l'amour du Vrai, du Bien et du Beau. {Sa haute mission.}

INTRODUCTION.

Sa voix fut sans écho.Cette voix qui s'élevait ainsi au sein d'une multitude égoïste et pervertie ne fut pas entendue et ne pouvait l'être, car c'était une voix prophétique saluant l'aurore d'un grand avenir, mais d'un avenir encore lointain, pour lequel son siècle n'était pas né. Aussi comme tous les prophètes Wagner n'eut en partage qu'une vie de douleur, une vie de martyre, et, comme eux, il resta calme et résigné au milieu des souffrances, parce qu'il sentait qu'il venait ici-bas en Rédempteur de l'Art.

Sa biographie est le martyrologe de l'Art.Écrire sa biographie, c'est donc écrire le martyrologe de l'Art lui-même. Je vais essayer de l'esquisser ici rapidement pour montrer quelle grande figure Wagner restera dans l'histoire de l'humanité.

Nécessité d'une biographie de Wagner.Il paraît sans doute audacieux de vouloir retracer en quelques pages la vie si remplie et si féconde de Richard Wagner, alors qu'un in-folio ne suffirait pas à la décrire seulement à grands traits. Je n'hésiterai pas cependant à le faire ; il est nécessaire, en effet, qu'avant d'aborder l'étude des chefs-d'œuvre du Maître, on sache comment et quand ils naquirent, quelle disposition d'esprit, quelles circonstances concoururent à leur création. Mais je me garderai pour ce faire de suivre Wagner pas à pas dans le cours de sa longue carrière. Je veux bien plutôt m'attacher à montrer les diverses phases du développement de son génie, Il faut donner de Wagner une image subjective.et donner de l'artiste une image subjective et concrète à la fois, parce que c'est la seule qui nous permette d'embrasser sa vaste intelligence et son sublime idéal.

Par suite, au lieu de m'arrêter aux mille détails

de sa vie, je n'en retiendrai que ce qui pourra nous servir à comprendre, à aimer et à admirer Richard Wagner. Car trop longtemps la voix du mépris et de la jalousie s'est fait entendre parmi nous, et il ne faut pas que le clan étroit des Béotiens de l'Art souille encore la mémoire de l'artiste génial que notre siècle hélas! a méconnu, honni avec eux et par eux, et qui fera l'admiration des temps à venir.

Trêve à la haine de son génie

C'est donc une apologie de Richard Wagner que je vais entreprendre en ma courte notice biographique, où, sans me départir de la stricte vérité de l'histoire, je saurai démasquer la calomnie, dévoiler la haine basse et rampante qui l'assaillirent sans relâche, et montrer la grandeur d'un homme qui sacrifia son bonheur et sa vie à la noble cause de l'Art.

Parler de Wagner c'est faire son apologie

Faire aimer en France un génie — et un génie allemand — à une époque et à une génération qui semblent n'avoir pour but que d'attaquer et de détruire tout ce qui est grand et beau, jusque chez nous, est certes une chose difficile, et je ne me flatte pas d'y pouvoir réussir. Mais je m'estimerais déjà fort heureux si je parvenais à réfréner un instant le flot d'ignobles injures qu'on ne cesse de déverser sur lui, et si les esprits justes et bons, épris d'un sincère amour du Beau, qui liront ces lignes apologiques, s'adonnaient un jour à l'étude des chefs-d'œuvre de Richard Wagner et lui apportaient à leur tour leur tribut d'enthousiasme et d'admiration !

Danger de louer Wagner en France
Il faut étudier Wagner pour l'aimer

NOTICE BIOGRAPHIQUE

VIE DE RICHARD WAGNER
(1813-1883)

PREMIÈRE PÉRIODE
(1813-1849)

Sir Houston Chamberlain, un des meilleurs biographes de Richard Wagner, a divisé sa vie en deux moitiés bien distinctes et d'égale longueur (35 ans), marquant chacune une direction d'esprit toute différente.

Division de sa vie en deux périodes : 1° 1813-1849. 2° 1849-1883.

La première s'étend de sa naissance (1813) à l'année 1849, où Wagner, accusé d'avoir pris part au mouvement insurrectionnel de Dresde (3 mai), fut contraint de s'exiler en Suisse.

La seconde va de son exil (1849) à sa mort (1883) : c'est la plus importante, celle pendant laquelle il trouva sa véritable voie et créa ses chefs-d'œuvre.

Richard Wagner naquit le 22 mai 1813, à Leipzig, d'une vieille famille saxonne.

Sa naissance (1813).

Son père, Frédéric Wagner, greffier du tribunal de première instance, mourut bientôt de la peste, laissant

Sa famille.

son jeune fils orphelin à l'âge de six mois. C'était un homme d'une grande culture intellectuelle, ayant un goût passionné pour le théâtre. Il ne s'entoura vers la fin de sa vie que d'artistes et surtout d'acteurs, et c'est au milieu d'un vrai cénacle littéraire et artistique que s'élevèrent sés enfants. Aussi eurent-ils presque tous un véritable amour de l'Art, et la plupart d'entre eux, entre autres sa fille Rosalie et son fils Albert, embrassèrent la carrière théâtrale. Il n'est même pas jusqu'au jeune Richard qui ne ressentit plus tard les bienfaisants effets d'une telle éducation, puisqu'il eut pour père adoptif un artiste, ami de Frédéric Wagner, que sa mère épousa, Louis Geyer. Celui-ci aima son pupille comme un fils et lui fit donner une forte instruction classique à l'École de la Croix, à Dresde. Et sa tâche ne s'arrêta pas là. Engagé à cette époque au Théâtre royal de Dresde, il apprit à son neveu l'art du théâtre, que celui-ci posséda de bonne heure, en grandissant ainsi sous les feux de la rampe.

Wagner à Dresde (1814).

Malheureusement Geyer mourut fort jeune encore (1828) et dès lors Wagner fut abandonné à la direction de sa mère. Il quitta Dresde et alla à Leipzig continuer ses études à l'école Saint-Nicolas, d'où il sortit bientôt pour se faire inscrire comme étudiant en musique et en philosophie à l'Université de cette ville.

Retour de Wagner à Leipzig (1827).

Dans chacune des écoles qu'il fréquenta, Wagner montra de bonne heure un goût très vif pour les langues, non point, comme on l'a cru, par amour pour la philologie, mais parce que les langues étaient alors le seul moyen d'expression qu'il pût s'approprier et parce qu'elles lui permettaient aussi de lire les grands auteurs dramatiques qui le passionnèrent dès son jeune âge. C'est ainsi qu'il apprit rapidement le grec pour lire et comprendre *Sophocle et Eschyle*, et qu'à l'âge de treize ans il s'adonna tout seul à l'étude de l'anglais, afin de connaître *Shakespeare*. Mais il s'aperçut que le langage ne répondait pas toujours à la pensée et qu'il ne pouvait exprimer par cet unique moyen tout ce qu'il sentait déjà en lui-même. Pour rendre l'inexprimable, il lui fallait une langue nouvelle. Cette langue fut la musique.

Amour de Wagner pour les langues.

Tout jeune encore, sous l'influence de Weber et sous celle de Beethoven, Richard Wagner sentit s'éveiller

Sa vocation musicale.

sa vocation musicale. Les symphonies de Beethoven qu'il entendit à Leipzig (1827) le remplirent d'admiration et il résolut aussitôt d'apprendre la musique. Son talent étonna bientôt son premier maître Gottfried Müller. En 1829, à l'âge de seize ans, il faisait en effet jouer sa première ouverture. Encouragé par ce premier succès, il pria Weinlig, le maître de chapelle de l'église Saint-Thomas, de lui donner des leçons de technique musicale. Il ne tarda pas à émerveiller son nouveau maître par son incroyable puissance d'assimilation et par les rapides progrès qu'il faisait chaque jour. Il composa pendant ces années d'étude un grand nombre d'ouvertures, de symphonies et d'ariettes. Au début de l'année 1832, une de ses ariettes fut acceptée par le théâtre de Leipzig, et dans l'été de la même année il fit son premier opéra, resté inachevé, *l'Hymen*. Il avait alors dix-neuf ans. *Son premier opéra (1832).*

Fier de voir que le talent du jeune Richard se manifestait si bien, son frère Albert, régisseur du théâtre de Würzburg, l'appela près de lui comme répétiteur de chœurs (1833). Wagner aussitôt se remit à l'œuvre et commença son premier grand ouvrage, *les Fées*, dont il composa la poésie et la musique. Cet opéra terminé, le 1er janvier 1834, notre compositeur revint à Leipzig, dans l'espoir de le faire admettre au théâtre de sa ville natale. Hélas! la Fortune ne devait pas longtemps sourire à ce jeune audacieux : son œuvre fut trouvée mauvaise par le régisseur et par la critique, que dominaient alors les amis de Mendelssohn, déjà inquiets de voir naître un si précoce et si prodigieux talent. *Wagner à Würzburg (1833). Les Fées (1834). Retour à Leipzig. Premier échec (1834).*

Déçu dans ses espérances, Wagner accepta avec enthousiasme une charge de chef-d'orchestre au théâtre de Magdeburg, à la fin de janvier 1834. Là il eut l'occasion d'exercer ses qualités incomparables de directeur de musique, et d'y faire représenter en même temps son second opéra, *la Défense d'aimer*, sous le titre de *la Novice de Palerme*. Une seconde fois il échoua parce que la pièce, étudiée en dix jours, fut jouée dans des conditions déplorables. *Wagner à Magdeburg (1834).*

Wagner partit alors de Magdeburg et pendant cinq ans mena une vie d'aventures. Successivement à Berlin, à Kœnigsberg, à Riga (dans ces deux dernières villes il fut chef-d'orchestre au théâtre quelque temps seulement), il y vit échouer tous ses projets, choir toutes ses illusions. Il ne trouva une consolation à tant de cruelles épreuves que dans l'amour de sa jeune femme, Wilhelmine Planer, actrice du théâtre de Magdeburg, qu'il avait épousée le 24 novembre 1836. Ces épreuves d'ailleurs, au lieu d'abattre son courage, ne firent que l'exciter davantage à poursuivre son œuvre. Il voyait déjà que la haine s'attachait à ses pas, pour ne plus le quitter, mais il sentait qu'il se devait à lui-même de ne jamais céder sous ses coups.

Wagner épouse Wilhelmine Planer (1836).

De Riga, où il avait achevé les deux premiers actes de *Rienzi*, il se rendit à Paris, sur les conseils de Scribe, pour essayer de faire représenter une de ses œuvres au Grand Opéra. Il y arriva en septembre 1839.

Premier séjour de Wagner à Paris (1839-1842). Nouveaux échecs.

Son séjour à Paris ne fut pas heureux. Il y vit Meyerbeer, qui accepta sa *Défense d'aimer* pour la Renaissance, mais le théâtre ayant fait faillite, la pièce ne fut pas jouée. Il fut dès lors obligé pour vivre d'écrire des romances et d'arranger des morceaux de musique, d'après des opéras d'Halévy ou de Donizetti. Heureux encore s'il eût été seul à souffrir.

Wagner dans la misère.

Mais il n'eut pas seulement à lutter contre son propre découragement, il eut à soutenir la faiblesse de sa femme, qui ne fut jamais enthousiaste de son art et que la misère où ils étaient plongés menaçait de vaincre. En vain il s'adressa à ses amis, nul ne put lui prêter secours. Et son *Vaisseau-Fantôme* qu'il venait de créer, sur lequel reposaient toutes ses espérances, son *Vaisseau-Fantôme* fut refusé par l'Opéra, qui lui déroba son poème pour le confier à un obscur musicien et lui fit offrir — dérision amère — un dédommagement de 500 francs. Aussi Wagner tomba bientôt dans le plus profond dénûment.

Alors, à la honte de l'Art français, à la honte surtout de cette capitale qui se glorifie de porter le nom de Ville-Lumière, et se dit hospitalière à tous les grands esprits, ce génie apprit chez nous à connaître la faim, et en vint un jour, en plein Paris, en plein XIXe siècle, jusqu'à disputer à son fidèle terre-neuve les restes de sa maigre écuelle. Qu'on lise le récit de cette longue misère, qu'on parcoure les pages émouvantes qu'elle a inspirées à Wagner lui-même, dans l'opuscule *la Fin d'un musicien allemand à Paris*, et l'on sentira le dégoût que soulève dans les cœurs généreux le souvenir de telles horreurs et de telles ignominies.

Il ne faut cependant pas maudire le sort outre mesure, puisque cette navrante odyssée parisienne retrempa l'âme de Wagner, lui donna la conscience de son génie, et lui traça la voie qu'il devait suivre. Elle lui apprit qu'il n'était pas fait pour le public français, parce qu'il avait l'âme allemande. Et dès ce jour naquit en lui un ardent amour de la mère-patrie, qui toute sa vie le guida dans sa noble carrière.

Son insuccès à Paris lui trace sa voie.

Aussi, écœuré de se voir méconnu de la sorte à Paris, Wagner partit pour Dresde afin d'y assurer la représentation de son *Rienzi*, qui venait d'être accepté par le théâtre de cette ville. Cette représentation, la vraie première d'un de ses grands opéras, eut lieu le 20 octobre 1842. Il avait alors vingt-neuf ans. Elle fut un véritable triomphe et rendit son auteur célèbre dans toute la Saxe et l'Allemagne. On mit aussitôt à l'étude son *Vaisseau-Fantôme*, qui fut joué le 2 janvier 1843. Le succès fut splendide, Wagner ayant lui-même dirigé la représentation. C'était plus qu'il n'en fallait pour attirer sur lui l'attention du roi de Saxe, qui le nomma, le 1er février 1843, chef-d'orchestre au grand Théâtre-Royal. Il accepta cette charge — qu'il n'avait pas sollicitée — parce qu'il voyait là un moyen de réaliser les réformes qu'il rêvait de faire au théâtre. Six années durant il y travailla sans relâche, se dépensant avec un désintéressement sans égal pour l'œuvre qu'il avait entreprise. Il termina bientôt son *Tannhœuser* et son *Lohengrin*, dont il avait conçu le projet à Paris, et le premier de ses opéras ne tarda pas à être représenté à Dresde. La première du *Tannhœuser* eut lieu le 19 octobre 1845.

Wagner quitte Paris et part pour Dresde (avril 1842).

Première de Rienzi (20 octobre 1842).

Première du Vaisseau-Fantôme (2 janvier 1843).

Séjour à Dresde (1842-1849).

Première du Tannhœuser (19 octobre 1845).

La gloire semblait donc sourire au jeune compositeur, mais cette fois encore, comme pendant tout le cours de sa vie, ses faveurs ne furent qu'éphémères. La critique, représentée par quelques gazetiers et de nombreux artistes, aussi vils que médiocres, attaqua Wagner dès ses débuts à Dresde, avec la plus extrême violence. Elle réussit à faire tomber *le Vaisseau-Fantôme* à la quatrième représentation ; et elle ne se contenta pas d'assiéger le musicien

Violentes attaques de la critique.

de perpétuelles attaques, elle chercha et réussit bientôt à ridiculiser sa personne par d'ignobles calomnies, contre lesquelles maintes fois il eut à s'élever. On alla même plus loin, on le rendit suspect en l'accusant d'être un révolutionnaire, et ses infâmes ennemis ne reculèrent devant rien pour l'abattre et le perdre à tout jamais.

Elle accuse Wagner d'être un révolutionnaire.

Certes on n'avait pas tort de le traiter de révolutionnaire, car Wagner eut toujours un vif instinct de combativité, mais ses idées rénovatrices se renfermèrent toujours dans le domaine de l'art et ne s'étendirent jamais à celui de la politique. Disons mieux : il rêvait de relever le théâtre, devenu la proie d'un mercantilisme éhonté, par une régénération complète de l'art dramatique. Et sur ce terrain il fut amené à cette conclusion que le théâtre, étant comme le reflet de la civilisation et des conditions sociales existantes, il fallait réformer aussi la société contemporaine. « En songeant à la possibilité d'une révolution fondamentale dans les conditions du théâtre, je fus amené, dit-il, à reconnaître pleinement la bassesse de l'état politique et social, qui par lui-même n'exigeait précisément comme conditions artistiques que celles que j'attaquais. Et cette reconnaissance fut décisive pour le développement ultérieur de ma vie. » Mais loin de vouloir cette révolution par la violence, loin de souhaiter une constitution démocratique, Wagner resta toujours convaincu que la condition indispensable à sa réalisation était au contraire — notez que nous sommes en Allemagne et qu'à cette époque-là nous subissions nous-mêmes le régime monarchique — la consolidation de la royauté par le rétablissement de l'absolutisme. Il voulait déjà l'Allemagne une et forte et non confédérée, et s'il repoussa tout d'abord, étant Saxon, l'hégémonie de la Prusse, il l'accepta dès que les Prussiens se présentèrent aux portes de Dresde (mai 1849) et la salua plus tard avec enthousiasme, lorsqu'elle fut consacrée par le couronnement de Guillaume Ier à Versailles, en 1871. Wagner ne descendit qu'une fois dans l'arène politique, et ce fut pour y expliquer sa doctrine. Il prononça le 14 juin 1848 un discours au Cercle de la Patrie. Déjà suspect aux partisans de l'ordre, il le devint en outre, ce jour-là, aux insurgés auxquels ne pouvaient plaire ses idées absolu-

En quoi Wagner était révolutionnaire.

La révolution de l'art entraîne celle de l'état politique et social.

Wagner est partisan de la royauté absolue.

Wagner suspect.

tistes. Dès lors il sentit qu'il n'était plus en sûreté à Dresde et il s'enfuit à Chemnitz, puis à Weimar, où il fit la connaissance de celui qui devait être l'ami le plus dévoué et le plus cher de sa vie, Liszt. Là il apprit qu'un mandat d'amener était lancé contre lui. Liszt réussit à lui procurer un passe-port sous un faux nom et lui fit passer la frontière suisse (1849).

Sa fuite à Chemnitz et à Weimar (1849).

Il rencontre Liszt.

Fuite en Suisse (1849).

Cet exode en Suisse marque la fin de la première période de la vie de Wagner. Et l'année 1849 ne fut pas seulement une date importante dans l'histoire de sa vie, elle en fut une encore dans l'histoire de son art. C'est alors que Wagner comprit qu'il fallait rompre avec le théâtre et l'opéra modernes, créer un drame nouveau, attaquer de front la société contemporaine et préparer la régénération de l'humanité par l'Art.

Wagner rompt définitivement avec le théâtre moderne. Il a trouvé sa voie.

DEUXIÈME PÉRIODE.

(1849-1883)

L'exil de Wagner fut l'événement le plus considérable de son existence. Il donna en effet une impulsion très vive à son activité artistique; car, en le plongeant dans une retraite subite et profonde, il lui permit de méditer et de mûrir ce projet de rénovation artistique et sociale qui devait être le but et la gloire de sa vie. Désormais nous allons voir Wagner uniquement occupé à faire le procès de la société moderne, à poser les bases de la régénération de l'humanité, et à établir les conditions de l'œuvre d'art de l'avenir : le drame musical.

L'exil stimule l'activité intellectuelle de Wagner.

Arrivé à Zürich dans l'été de 1849, après une courte fugue à Paris, Wagner, soutenu par quelques généreux amis, notamment par Mme Julie Ritter, se retira du monde et publia ses premiers écrits théoriques.

Son arrivée à Zürich (1849).

C'est de cette époque que datent : *l'Art et la Révolution* (1849), *l'Œuvre d'art de l'Avenir* (1850), *les Juifs dans la Musique* (1850), *Art et Climat* (1850), *Opéra et*

Ses premiers écrits théoriques.

Drame (1851), le plus important de tous, puis *Une communication à mes Amis* (1851).

Cependant sa production était toujours active sur le terrain dramatique. Un opéra qu'il avait projeté, *Wieland le Forgeron*, et qu'il n'acheva pas, lui donna l'idée de *l'Anneau du Niebelung*. Déjà, en novembre 1851, le scénario de *Tristan et Iseult* était achevé. Il mettait ensuite la dernière main au scénario de *l'Or du Rhin* en 1853, à la partition de *la Walkyrie* en 1856, et dans l'été de 1859 *Tristan et Iseult*, qu'il avait repris aux dépens de *Siegfried*, était prêt à être mis en scène.

Concurremment avec *Tristan* et *l'Anneau du Niebelung*, il avait aussi conçu l'idée de son *Parsifal*, qu'il abandonna bientôt pour le reprendre fort longtemps après, puisqu'il ne fut achevé qu'en 1882.

Wagner apprend la philosophie de Shopenhauer.

Ainsi Wagner était dans le plein développement de son génie. Cette fois il avait compris quelle haute mission il devait remplir dans le monde moderne, et il l'avait compris parce qu'il avait enfin une philosophie. C'est à Zurich en effet que les écrits de Shopenhauer venaient de lui parvenir. Wagner, qui déjà avait pressenti le Maître du pessimisme, s'enthousiasma pour la philosophie de l'auteur du *Monde comme volonté et comme représentation*. « Il me vient, écrivait-il à Liszt, comme un présent du ciel dans ma solitude. »

Wagner possède une philosophie.

Grâce à lui Wagner pouvait enfin étayer ses intuitions de concepts solides, puisqu'il avait une métaphysique. Désormais il allait prendre conscience, une conscience entière et absolue de lui-même, ne plus marcher d'un pas chancelant, mais s'envoler d'une aile rapide vers l'avenir.

Aussi bien, dès qu'il se sentit maître de son génie, Wagner résolut, pour être libre de ses actes, de se séparer des bienfaiteurs qui le soutenaient à Zurich. Il recommença dès lors à mener sa vie errante ; il quitta momentanément Zurich pour Londres (1855), où il prit la direction des Concerts Philharmoniques, puis revint en Suisse, fit un voyage à Venise et quitta définitivement Zurich (août 1858), revint à Lucerne en mars 1859, afin d'y achever *Tristan et Iseult*. Il s'était déjà acquis à cette époque de nombreux amis, qui à Munich lui furent d'un grand secours, entr'autres Hans de Bülow, qu'il connut

Wagner à Londres (1855).

Wagner quitte Zürich (août 1858).

Il rencontre Hans de Bülow

en Suisse en 1850, et dont il développa lui-même le talent de chef-d'orchestre. Cependant en Allemagne son fidèle bienfaiteur Liszt n'était pas resté inactif, puisque, à la très grande joie de Wagner, il avait monté *Lohengrin*, qui fut représenté le 28 août 1851 à Weimar. D'autre part, Liszt avait réussi à faire accepter par plusieurs scènes allemandes les premiers opéras du grand musicien, afin d'établir sa renommée et de lui fournir quelque argent dans son exil. Wagner l'avait laissé faire, par respect et par admiration pour son dévouement, mais en lui-même il se sentait profondément attristé de voir qu'il lui fallait vivre de ses œuvres et les rabaisser à la valeur d'une vulgaire marchandise, au lieu de leur assurer des représentations dignes d'elles et de lui. Première de *Lohengrin* (28 août 1851).

Wagner brûlait en effet du désir de voir ses œuvres dignement représentées, et l'espoir que ce vœu allait enfin se réaliser l'entraîna encore à Paris, où il pensait trouver cette fois un plus favorable accueil au Grand Opéra. Arrivé dans la capitale en septembre 1859, il s'y occupa activement du but de son voyage, et réussit, après avoir dirigé de nombreux concerts wagnériens, à grouper autour de lui une puissante élite d'hommes de lettres et d'artistes, qui saluèrent en lui un idéal nouveau. Baudelaire, Vacquerie, Théophile Gautier, Barbey d'Aurevilly, M. Challemel-Lacour (qui traduisit *Tristan et Iseult*), se rangèrent sous sa bannière et menèrent en sa faveur une vive campagne, qui lui valut la protection de la princesse de Metternich, et par elle celle de Napoléon III. L'empereur ne tarda pas à donner l'ordre à la direction de l'Opéra de mettre à l'étude le *Tannhœuser*. Après 164 répétitions, que dirigea Wagner lui-même, on décida que la première aurait lieu le 13 mars 1861. Mais déjà une formidable cabale, suscitée par la comtesse Walewska et les amis de Meyerbeer, qui n'avaient pu pardonner à l'auteur des *Juifs dans la Musique*, s'élevait dans les salons aristocratiques contre l'œuvre et son maître. La première représentation du *Tannhœuser* (13 mars 1861) donna lieu à un véritable scandale. MM. les Membres du Jockey-Club sifflèrent sans relâche, et les plus belles scènes ne furent pas entendues. A la troisième représentation ils couvrirent même si bien les voix des acteurs,

Second séjour de Wagner à Paris (1859-1862).

Sympathies des lettrés pour Wagner.

Première du *Tannhœuser* au Grand Opéra (13 mars 1861).

que Jules Janin, dans les *Débats*, proposa pour eux en nouveau blason : un sifflet sur champ de gueules hurlantes, et pour exergue : « *Asinus ad lyram !* » Le public parisien, indigné d'une telle conduite, avait pris parti pour Wagner, et ce ne fut pas un médiocre spectacle que de voir l'aristocratie furieuse exhaler sa rage au milieu d'une foule silencieuse et digne. Wagner d'ailleurs rendit hommage au public parisien, dont il loua la vive réceptivité et le grand sentiment d'équité.

Mais ces tristes événements le contraignirent à retirer son *Tannhœuser*. Écœuré de se voir toujours dédaigné et incompris, il partit pour Vienne afin d'y faire représenter son *Lohengrin*. Il y réussit et la première eut lieu le 15 mai 1861. Ce fut un succès, mais un succès factice, car il s'aperçut bientôt que nul ne s'intéressait à son art et ne lui aiderait à triompher des obstacles qu'il rencontrait toujours (son *Tristan* échoua après 77 répétitions). Ici, non seulement il n'eut pas les faveurs du public, mais il ne posséda nulle sympathie, nulle amitié qui pût le consoler de tant de malheur, si ce n'est celle du docteur Standhartner et celle du chanteur Schnor de Carolsfeld, le créateur du rôle de Tristan. Aussi le désespoir faillit-il le saisir. Il eut toutefois assez de force d'âme pour y résister et s'adonner tout entier aux *Maîtres Chanteurs*.

C'est alors que Louis II de Bavière l'appela près de lui (mai 1864). Le jeune monarque s'était ardemment épris d'enthousiasme pour le génie de Wagner ; aussi, le voyant en proie à de cruelles souffrances, lui écrivit-il pour le prier de venir à Munich, lui assurant sa haute protection morale et matérielle pour exercer en toute liberté ses remarquables talents. Wagner accepta avec reconnaissance l'offre généreuse du monarque, et tout heureux, espérant que l'heure du triomphe allait enfin sonner, il se rendit à Munich. Il résolut de réaliser aussitôt ses projets et, afin d'assurer pour l'avenir une exécution artistique parfaite de ses drames, de fonder d'abord une Académie nationale de Musique, où se formeraient à la fois musiciens et chanteurs, puis un théâtre nouveau, répondant aux besoins de l'œuvre nouvelle. Les faveurs du roi de Bavière lui permirent quelque temps d'être épargné par la critique et de mettre en scène *Tristan et*

Iseult, joué le 10 juin 1865 avec plein succès. Mais ce n'était là qu'un calme précurseur d'orage. Il s'était à peine remis à ses drames, après avoir publié son ouvrage *État et Religion* (1864), il avait à peine élaboré son plan complet de *Parsifal* et achevé la partition des *Maîtres Chanteurs*, que déjà la presse, plus violente que jamais, rouvrait les hostilités. Une fois encore la haine et la médiocrité devaient triompher. L'opinion publique s'éleva si fort contre Wagner qu'il fut obligé de laisser là ses travaux et de se retirer en Suisse. Mais il lui restait encore une étoile dans ce ciel menaçant dont il fuyait la colère : l'amitié, l'amitié ardente et inaltérable du roi Louis II ne le quitta pas : elle le suivit dans la paix des montagnes suisses, où de nouveau il s'exilait. Cette noble affection de Louis II pour le génie de Wagner, qu'il devina et fit épanouir, demeurera la plus sublime folie de ce monarque dont la destinée fut si tragique : son nom restera gravé dans l'histoire comme celui d'un des plus grands bienfaiteurs de l'Art.

Première de Tristan et Iseult (10 juin 1865).

Attaques de la presse et du public. Wagner est contraint de s'enfuir en Suisse (1866).

Louis II reste son bienfaiteur.

C'est grâce à lui, en effet, que Wagner va atteindre enfin l'apogée de son génie et de sa gloire. Retiré à Triebchen, sur les bords du lac des Quatre-Cantons, Wagner put désormais dans la solitude se livrer au travail, sans être troublé par le bruit des voix calomniatrices qui avaient jusqu'ici étouffé la sienne, et goûter les quelques rares jours de bonheur que Dieu lui a accordés ici-bas. Les premiers mois de son séjour à Triebchen ne furent pas cependant sans quelque tristesse, puisque sa femme, qu'il aimait tendrement, mourut à Dresde le 27 janvier 1866. Atteinte d'une grave maladie, à laquelle les rudes souffrances de Paris ne furent pas étrangères, cette jeune femme avait dû depuis longtemps se séparer de Wagner. Au reste, elle était devenue pour lui un sujet de perpétuelles tortures, car elle s'opposait le plus souvent à ses projets, qu'elle ne pouvait comprendre, et elle se lamentait toujours de voir son mari planer sans cesse dans les hautes sphères de la Pensée et de l'Idéal. Son amour de femme était jaloux que l'homme eût du génie.

Wagner à Triebchen.

Wilhelmine Planer meurt à Dresde (27 janvier 1866).

La mort de Wilhelmine Planer, tout en affectant beaucoup Wagner, parce qu'au fond il l'avait aimée jusqu'à son heure dernière, était donc une vraie délivrance pour

Wagner épouse Cosima Liszt (1868).

Naissance de Siegfried Wagner 6 juin 1869).

Première des Maîtres Chanteurs 21 juin 1868).

Beethoven (1870).

Wagner salue la guerre de 1870 avec enthousiasme.

lui, car elle donnait un libre essor à son génie. Bien mieux, elle allait lui procurer une des plus grandes joies qu'il ressentit jamais, celle de trouver une femme de haute culture intellectuelle, d'une très vive imagination, dont l'amour serait comme l'aurore d'une vie nouvelle pour son âme défaillante et meurtrie. Cette femme n'était autre que Cosima Listz, la fille du grand Liszt, déjà veuve de Hans de Bülow. Wagner l'épousa en 1868. Le dévouement de Cosima Liszt pour le Maître fut admirable. Non seulement elle seconda Wagner dans la fondation de Bayreuth, mais elle continua son œuvre après sa mort (1883), et c'est elle encore qui, quoique accablée par l'âge, veille à transmettre sa tradition à la postérité.

Grâce donc à la paix et au bonheur qu'il goûta à Triebchen, où il eut la joie de voir naître un fils, Siegfried (6 juin 1869), Wagner déploya une activité prodigieuse. Il y acheva *les Maîtres Chanteurs de Nüremberg*, *l'Or du Rhin* et *la Walkyrie*, qui furent représentés au théâtre de Munich. La première de *Tristan et Iseult* eut lieu le 10 juin 1865, celle des *Maîtres Chanteurs de Nüremberg* le 21 juin 1868, celle de *l'Or du Rhin* en 1869, et celle de *la Walkyrie* en 1870. Il y termina également *Siegfried* et y composa la plus grande partie du *Crépuscule des Dieux*. Enfin, il y publia plusieurs nouveaux écrits théoriques : *l'Art allemand et la Politique allemande* (1868), *l'Art de diriger l'opéra* (1869), *le But de l'opéra* (1871), et surtout *Beethoven* (1870), son meilleur et plus profond traité, celui où, en nous montrant l'essence de l'art de ce puissant maître, il établit la métaphysique de la musique.

Cette paix de Triebchen était cependant trop belle pour pouvoir être de longue durée. Un événement terrible, la guerre de 1870, allait réveiller Wagner de la quiétude où il se reposait. Il la salua avec enthousiasme, voyant en elle la renaissance de l'Allemagne, qui désormais n'allait plus faire qu'une unique et puissante nation. Le 25 août 1870, il fit une ode sur la capitulation de Paris, qu'il dédia à l'armée assiégeante. Il poussa même son enthousiasme un peu trop loin, en publiant une comédie ridicule sur cette même capitulation, comédie que les Français, et avec raison, ne lui pardonneront jamais, quels que soient les torts qu'ils aient pu avoir envers lui. Bref, la guerre de 1870-71 vint arracher Wagner à son labeur intellectuel pour le rejeter dans le travail matériel.

Maintenant que l'Allemagne, la grande Allemagne d'autrefois revivait, il allait fonder une scène allemande, un théâtre national. Il résolut de l'établir au centre de l'Empire, aux portes de cette ville qui l'avait quelques années auparavant énergiquement refusé, et, dès le mois de janvier 1872, il avait déjà choisi l'emplacement de Bayreuth, non loin de Munich. Au mois d'avril de la même année, il quittait Triebchen avec toute sa famille, pour s'installer à Bayreuth, et le 22 mai 1872, il posait la première pierre du théâtre de Bayreuth. Un an après, il se construisait près de ce temple de l'Art une petite villa, afin de poursuivre désormais son œuvre et de la faire triompher à tout jamais. *Wagner reprend le projet de construire un théâtre national.*

Il pose la première pierre de ce théâtre à Bayreuth (22 mai 1872).

Enfin, en 1876, après bien des déboires et des déceptions, le théâtre était achevé et l'on y représentait trois fois *l'Anneau du Niebelung*. Mais un déficit épouvantable fut la conséquence de ces fêtes grandioses. Heureusement pour Wagner, le roi Louis II vivait encore, car il ne dut qu'à son inépuisable bonté de pouvoir combler le déficit. Dans cet intervalle le Maître n'en était pas moins parti pour Londres (1877), afin d'y diriger de grands concerts et d'y recueillir de l'argent pour son théâtre. Il montrait ainsi que rien ne saurait abattre son courage. Dès qu'il sentit qu'il pouvait de nouveau aller de l'avant, il créa une revue, *les Feuilles de Bayreuth* (janvier 1878), où il publia de nombreuses thèses artistiques, notamment : *Qu'est-ce qui est Allemand? le Moderne, le Public et la Popularité* (1878), *de l'Emploi de la musique dans le drame* (1879), et surtout *Religion et Art* (octobre 1880). Puis il tenta de fonder une Académie de musique sous le nom d'École de Bayreuth, mais cette dernière entreprise échoua. *Premières représentations à Bayreuth de l'Anneau du Niebelung (1876).*

Wagner à Londres (1877).

Les Feuilles de Bayreuth (1878).

Cependant le théâtre tenait toujours ses portes closes. Il ne fallut rien moins que l'annonce d'une œuvre nouvelle pour réveiller et exciter la curiosité du public. Cette œuvre, *Parsifal*, était et devait rester le chef-d'œuvre du Maître. Elle fut achevée le 13 janvier 1882 à Palerme, où Wagner avait dû passer l'hiver pour rétablir sa santé chancelante, et elle fut mise aussitôt *Parsifal.*

Première de *Parsifal* (26 juillet 1882).

Mort de Wagner à Venise (13 février 1883).

à l'étude. La première eut lieu à Bayreuth, le 26 juillet 1882, et fut suivie de quinze autres représentations.

Hélas ! cette gloire tardive qui ceignait maintenant le noble front du génie d'une couronne immortelle venait au crépuscule de sa vie. Vaincu et brisé par les continuelles angoisses qu'il avait éprouvées en sa longue et douloureuse existence, Wagner s'éteignit le 13 février 1883 à Venise, dans la patrie même de cet Art dont il fut le grand et sublime martyr !

NOTE

Nos lecteurs pourraient aisément s'étonner que le traducteur n'ait pas suivi l'ordre chronologique, mais plutôt ait rangé à son gré et arbitrairement les œuvres de Wagner. Mais l'ordre qu'il a suivi est parfaitement logique. Il a réuni dans un même thème, le triomphe de la foi sur l'amour, thème qu'allégorise d'ailleurs fort bien la couverture du présent volume (1), trois œuvres de même conception : *Tannhœuser*, *Lohengrin* et *Parsifal*. Il groupera de même, sous d'autres allégories, les trois poèmes de *l'Anneau du Niebelung*, qui composeront le second tome ; puis les autres chefs-d'œuvre du Maître, qui formeront le tome troisième du Théâtre complet.

CONCLUSION

Quoi que l'on pense de l'art de Richard Wagner, on ne peut donc refuser son admiration à l'âme si belle et si noble de l'artiste et du penseur. Car Wagner ne fut pas seulement le plus puissant génie musical de ce siècle,

---

(1) La couverture représente un groupe d'anges exterminateurs, l'un portant la lance et l'autre la coupe du saint Graal, envoyés de Dieu pour chasser Vénus du monde.

il en fut aussi l'un des plus profonds et des plus grands philosophes. Hélas! en plein XIX° siècle, c'était encore pour un musicien une impardonnable audace, une audace qui devait le perdre dans l'estime de cette société déchue qu'il venait régénérer, et lui être une source de perpétuelles souffrances. Wagner n'en but pas moins sans crainte le calice amer de la vie : sa grande âme frémit parfois, mais ne fléchit jamais devant la douleur; calme et sereine, elle prit son essor vers les sphères éternelles de l'Idéal, et s'exhala en élevant sa suprême prière vers Celui qui jadis souffrit comme lui pour l'humanité. « Si Wagner, dit M. Chamberlain, n'eût été qu'un simple musicien, ne visant pas plus haut que son art, ou bien même un homme nouveau dans le domaine de l'art, sa gloire eût pu assurément lui suffire. Mais de même que dans l'artiste le musicien fut le Pégase ailé qui éleva le poète à des hauteurs que nul n'atteignit avant lui, de même l'art de Wagner est la voix puissante d'un homme fort auquel rien d'humain n'est resté étranger, d'un héros qui se jette avec vaillance dans la lutte bruyante de la vie qui fermente, d'un réformateur qui du monde mauvais montre le chemin vers le monde sacré. L'Art est, selon Wagner, l'aimable Sauveur de la vie d'ici-bas, à la foi duquel il voudrait convertir tous les hommes. »

Il faut donc aimer Wagner, l'aimer pour ses souffrances, l'aimer pour son idéal, l'aimer pour sa grandeur. N'allons point, comme certains critiques, à l'esprit chauviniste et sectaire, nous engouer d'un enthousiasme démesuré pour le génie latin et proclamer qu'hors de lui rien n'est pour nous orthodoxe, mais faisons taire nos rancunes et nos haines et sachons admirer l'Art, le grand Art dans tous les siècles et chez toutes les nations.

NOTICE ÉNUMÉRATIVE

DES

OEUVRES DE RICHARD WAGNER

Je crois utile de donner ici la courte et excellente notice énumérative des œuvres du Maître, que M. Houston Stewart Chamberlain a mise dans son volume sur *Richard Wagner* ([1]), que je recommande en passant à tous les wagnériens désireux de connaître à fond la doctrine du Maître, car elle y est exposée avec une clarté et une érudition incomparables.

Les œuvres de Wagner se divisent en trois groupes : les **œuvres poétiques**, les **œuvres musicales**, les **œuvres dramatiques**.

ŒUVRES POÉTIQUES

Poème sur la mort d'un camarade (novembre 1825).
Frédéric Barberousse (1848).
A mon royal ami (Louis II de Bavière), 1864.

---

[1] *Richard Wagner*, Brückmann, Münich (1895).

L'Or du Rhin (court poème), 1869.
A l'occasion de l'achèvement de Siegfried (1869).
Le 25 août 1870.
A l'armée allemande devant Paris (janvier 1871).
Une Capitulation (comédie à la mode antique), 1870-71.

ŒUVRES MUSICALES

Ouverture (Coup de cymbale), B-dur, 1830 (?). — Exécutée au théâtre de Leipzig, dans l'hiver de 1830.
Sonate pour piano, B-dur, 1831. — (Parue chez Breitkopf, Leipzig, en 1832.)
Polonaise pour piano (à 4 mains), D-dur, 1831. — (Parue en même temps que la sonate.)
Fantaisie pour piano, en Fis-moll, 1831. — (Inédite.)
Ouverture (pour concert), D-moll, composée le 26 septembre 1831, remaniée le 4 novembre 1831. — Exécutée à la Halle aux Draps de Leipzig, le 23 février 1832.
Neuvième symphonie de Beethoven (arrangée pour piano, à 2 mains), 1831.
Ouverture (pour concert), avec grande fugue à la fin, 1831. — Exécutée en 1832, d'abord dans les concerts Euterpe, puis le 30 avril 1832 à la Halle aux Draps (Leipzig).
Sept compositions pour le « Faust » de Gœthe (1832) :
  1º Chanson des soldats ;
  2º Les paysans sous le tilleul ;
  3º La chanson de Brander ;
  4º La chanson de Méphistophélès (Il était jadis un roi...);
  5º La chanson de Méphistophélès (Que fais-tu devant la porte de la bien-aimée...) ;
  6º La chanson de Marguerite (C'en est fait de mon repos...) ;
  7º Le mélodrame de Marguerite (Ah ! daigne, ô Mère de douleurs...).
Ouverture pour le drame « Le Roi Enzio » (3 février 1832).
  — Plusieurs fois exécutée au théâtre de Leipzig.

Symphonie, C-dur (mars 1832). — Exécutée à Prague (été 1832), à la Halle aux Draps de Leipzig (10 janvier 1893), à Venise (24 décembre 1882).

Symphonie, E-dur, été 1834 (fragment).

Cantate pour le nouvel an (décembre 1834). — Exécutée le 31 décembre à Magdeburg.

Ouverture au « Colomb » d'Apel (1835). — Exécutée à Magdeburg (1835), et plus tard à Riga et à Paris.

Musique de la féerie « Le Génie de la montagne » (1835). — (Glasenapp assure qu'elle est bien de Wagner). — Exécutée à Magdeburg (1835).

Ouverture (La Pologne), 1836.

Ouverture « Rule Britannia » (fin 1836 ou début 1837). — Exécutée à Könisberg, en mars 1837.

Romance, en G-dur (texte de HOLTEI, août 1837. Insérée dans l'opérette de Ch. BLUM « Marie, Max et Michel »). — Exécutée à Riga en 1837.

Hymne populaire (à l'occasion de l'intronisation du czar Nicolas (novembre 1837). — Exécutée à Riga, le 21 novembre 1837, et plusieurs fois dans la suite.

Le Sapin (chanson dans le genre livonien), Es-moll, texte de SCHEUERLIN (1838).

Les deux Grenadiers (chanson). Texte français de HEINE (1839).

Trois Romances (1839-40) :

1° Dors, mon enfant... (Texte de V. HUGO) ;
2° Attente. (Texte de V. HUGO) ;
3° Mignonne. (Texte de RONSARD.)

Les Adieux de Marie Stuart. — (Il n'est rien resté de cette composition.)

Ouverture de « Faust » (1839-40). — Remaniée en 1855.

Musique pour un vaudeville de DURNOIR, « La descente de la Courtille » (1840), fragment.

Cantate (à l'occasion de l'inauguration de la statue du roi Frédéric-Auguste), 1843. — Exécutée à Dresde, le 7 juin 1843.

Le Salut de ses fidèles à Frédéric-Auguste le Bien-Aimé (pour chœurs et orchestre), 1844. — Exécuté à Dresde, le 14 août 1844, à l'occasion du retour d'Angleterre du roi de Saxe.

Musique funèbre (à l'occasion de la translation des cendres de Ch. M. Weber en Allemagne, d'après des motifs de l'Eurianthe), 1844. — Exécutée à Dresde, le 14 décembre 1844.

Sonate (pour album), Es-dur (pour Mme Wesendonck), 1853.

Cinq poésies :
1º L'Ange (décembre 1857) ;
2º Douleurs (décembre 1857) ;
3º Rêves (décembre 1857) ;
4º Sois en paix (février 1858) ;
5º En serre (juin 1858).

Page d'album, C-dur (pour Mme la princesse de Metternich), 1861.

Marche royale (dédiée au roi Louis II de Bavière), 1864.

Idylle de Siegfried, 1870.

Marche impériale (pour grand orchestre et chœurs), 1871.

Page d'album, Es-dur (pour Mme Betty Schott), 1875.

Grande marche solennelle (à l'occasion du jubilé de l'indépendance des États-Unis de l'Amérique du Nord), 1876.

A cela il faut encore ajouter les remaniements des morceaux suivants :

Le « *Stabat Mater* » de Palestrina (avec notes de diction). Début 1848. — Exécuté le 8 mars 1848.

« *L'Iphigénie en Aulide* » de Gluck (traduction nouvelle et arrangement), 1846. — Exécutée pour la première fois le 22 février 1847.

Le « *Don Juan* » de Mozart (traduction nouvelle et arrangement), 1850.

Les morceaux de piano ou les nombreux arrangements pour divers instruments, d'après des opéras de Donizetti et Halévy, que Wagner fit à Paris pour se procurer de l'argent, ne sont pas à considérer comme œuvres d'art.

ŒUVRES DRAMATIQUES

1º Projets, Fragments et Pièces d'occasion.

Tragédies (d'après les modèles grecs), vers 1825. — (Inconnues.)

Grande tragédie, plus tard avec musique, entre 1827 et 1829. — (Inconnue.)

Pastorale, vers 1829. — (Inconnue.)

Scène et Ariette, vers 1832. — Jouée au Théâtre-Royal de Leipzig, le 22 avril 1832.

L'Hymen, opéra en 3 actes. — Scénario, été 1832; partition commencée en décembre 1832. — Sur le désir de sa sœur Rosalie, le Maître détruisit le poème et mit de côté la partition.

Allegro pour « l'Ariette d'Aubry » dans le « Vampire de Marschner » (texte et musique de Wagner), septembre 1833. — Cet allegro, écrit pour son frère Albert, fut souvent joué à Würzburg.

La Grande Fiancée, grand opéra en 3 actes. — Scénario projeté en 1836 et envoyé à Scribe. Il n'y eut pas de partition. — Plus tard, Wagner remania le scénario et l'offrit comme livret à son ami Kittl pour l'opéra « Les Français devant Nice » (exécuté à Prague, 1848).

Scène de sacrifice et de conjuration (pour être mise dans une pièce restée inconnue), 1837. — Jouée sans doute vers cette époque à Kœnigsberg.

L'heureuse Famille des ours, opéra-comique en 2 actes.— Scénario complet. Partition commencée au début de l'année 1838 (fragment).

La Sarrasine (Manfred), opéra en 5 actes. — Esquisse du scénario 1841; projet complet 1843. Point de partition. — Le projet complet du scénario a paru dans le premier numéro des *Feuilles de Bayreuth*, en 1889.

Frédéric Barberousse, drame en 5 actes (sans musique), 1848. — (Sans doute inachevé.)

Jésus de Nazareth, 1848. — (Le projet complet a paru chez Breitkopf, à Leipzig.)

Wieland le Forgeron, 1849. — (Le projet complet a paru dans le tome II des « Œuvres complètes de Wagner ».)

Achille, 1849. — (Quelques notes sur ce projet sont contenues dans le volume « Projets, Pensées, Fragments ».)

Les Vainqueurs, 1856. — (Une esquisse de ce drame, dont la scène se passe dans l'Inde bouddhiste, est parue dans le volume « Projets, Pensées, Fragments ».)

Une Capitulation, comédie à la manière antique (1870-71).

2° DRAMES.

Les Fées, poésie et musique (1833).
La Défense d'aimer ou la Novice de Palerme (1836).
Rienzi, le dernier des Tribuns (1840).
Le Hollandais Volant ou le Vaisseau-Fantôme (1842).
Tannhœuser et le Tournoi des Chanteurs à la Wartburg (1845).
Lohengrin (1847).
Tristan et Iseult (1859).
Les Maîtres Chanteurs de Nüremberg (1867);
L'Anneau de Niebelüng (1874):
    1° *L'Or du Rhin* (1854);
    2° *La Walkyrie* (1852);
    3° *Siegfried* (1871);
    4° *Le Crépuscule des Dieux* (1874).
Parsifal (1882).

BIBLIOGRAPHIE

Œuvres complètes de Richard Wagner, 10 vol. (E. W. Fritzsch, Leipzig, 1871-1883). — CHAMPFLEURY : *Richard Wagner* (1860). — POHL : *Richard Wagner* (étude). — NIETZSCHE : *Richard Wagner à Bayreuth* (Breitkopf et Härtel, Leipzig). — GLASENAPP : *La vie de Richard Wagner* (Breitkopf et Härtel); *l'Encyclopédie de Wagner* (Fritzsch, Leipzig). — TAPPERT : *Richard Wagner, sa vie et ses œuvres*. — Franz MUNCKER : *Richard Wagner* (Esquisse de sa vie et de ses œuvres). — Fr. Liszt : *Le Hollandais Volant, Tannhœuser et Lohengrin* (Breitkopf et Härtel, 1881). — Mme Judith Gautier : *Richard Wagner.* — M. l'abbé Hébert : *Le sentiment religieux dans l'œuvre de R. Wagner* (Fischbacher, Paris, 1895). — A. Appia : *La mise en scène du drame wagnérien* (Paris, Chailley, 1895). — Sir Houston Stewart Chamberlain : *Le drame de R. Wagner* (Breitkopf et Härtel, 1892. Traduction Chailley, Paris, 1894); *Richard Wagner*, l'ouvrage le plus complet et le mieux conçu sur le Maître (Bruckmann, Munich, 1895). — Alfred Ernst : *L'Art de Richard Wagner* (tome I : « L'œuvre poétique »; tome II : « L'œuvre musicale »). — Wolzogen : *Le Mythe du Niebelüng dans la fable et dans l'histoire* (Weber, Berlin, 1876). — M. l'abbé Hébert : *Trois moments de la pensée de R. Wagner* (Fischbacher, 1894). — J. Nover : *Les fêtes théâtrales de Bayreuth* (Spamer, Leipzig). — Catulle Mendès : *Richard Wagner* (Charpentier, 1892). — Sâr Péladan : *Le Théâtre complet de R. Wagner*, étude (Chamuel, Paris, 1894). — G. Noufflard : *R. Wagner d'après lui-même* (2 vol., Fischbacher). — J. Hubert : *Étude sur quelques pages de R. Wagner* (Fischbacher). — M. de Saint-Auban : *Pélerinage à Bayreuth.* — R. Wagner : *Projets, Pensées, Fragments* (Breitkopf et Härtel, 1885); Projet de drame : *Jésus de Nazareth* (Breitkopf et Härtel, 1887); *200 Lettres de Wagner à Liszt* (Breitkopf et Härtel, 1887); *175 Lettres de Wagner à Théodore Uhlig, G. Fischer, F. Heine* (Breitkopf et Härtel, 1888); *12 Lettres de Wagner à A. Rœckel* (Breitkopf et Härtel, 1894). — *Écrits et Poésies posthumes de R. Wagner* (Breitkopf et Hrätel, 1895). — *Les Feuilles de Bayreuth*, depuis 1876. — *La Revue Wagnérienne* (1885-1888).

TANNHÆUSER

ET

LE TOURNOI DES CHANTEURS

A LA WARTBURG

1845

Conception : 1841. — Premières esquisses musicales : été 1842. — Livret : achevé le 22 mai 1843. — Partition : achevée le 13 avril 1845. — Première représentation : Dresde, 19 octobre 1845 (Mme Schrœder Devrient tenait le rôle de Vénus, Jeanne Wagner celui d'Élisabeth, et Tichatscheck celui de Tannhæuser). — Première représentation à Weimar, en 1849. — Première représentation à Paris, à l'Opéra, le 13 mars 1861. — Première représentation à Bayreuth, 1891. — Reprise de *Tannhœuser* à l'Opéra de Paris : 13 mai 1895, avec M. Van Dyck dans le rôle de Tannhæuser, Mme Caron dans celui d'Élisabeth, et Mlle Bréval dans celui de Vénus.

LETTRE-DÉDICACE

A Madame Cosima Wagner.

Madame,

Le monde des lettres et de l'art applaudissait naguère au triomphal succès du *Tannhœuser* à l'Opéra, et Paris honorait la France intellectuelle en réservant enfin un enthousiaste accueil au chef-d'œuvre dramatique et musical de votre illustre époux. L'écho de ce triomphe résonne encore de toutes parts et ramène sur les lèvres et à l'esprit de tous le nom glorieux du Maître, dont vous fûtes la fée inspiratrice et la noble compagne.

Le moment semble donc venu de réhabiliter chez nous la mémoire de Wagner et de montrer qu'au-dessus des questions de patriotisme et de nationalité règne l'Art souverain et universel.

Pour moi, je voudrais me pouvoir féliciter un jour d'avoir été l'un, fût-ce le plus obscur, des artisans de cette œuvre de réparation et de justice. J'ai entrepris, dans une pensée d'ailleurs pleinement désintéressée, la traduction du théâtre complet du grand poète allemand. L'un des chefs-d'œuvre qui le composent et l'illustrent le plus, le *Tannhœuser*, est déjà prêt, et je n'attends plus, Madame, que votre haute et généreuse approbation pour le livrer au grand jour de la publicité [1].

Le culte dont vous honorez votre cher défunt, et le soin que vous prenez à le faire aimer *urbi* et *orbi* me permettent d'espérer que vous accueillerez avec une joie bienveillante l'œuvre nouvelle. C'est la seule récompense que je souhaite, comme mon seul désir est de vous voir accepter l'hommage que je vous offre de mon labeur.

L'heure est proche, Madame, où le génie de Wagner sera universellement reconnu et admiré. Heureux alors ceux qui auront contribué, par leur

---

[1] La traduction du *Tannhœuser*, dédiée à Mme Cosima Wagner, a déjà paru séparément chez Fischbacher, en janvier 1896.

enthousiasme et leur zèle, à éveiller autour d'eux l'amour de ce sublime artiste et ajouté ainsi aux lauriers que la postérité lui réserve !

Veuillez agréer, Madame, l'assurance du profond respect avec lequel j'ai l'honneur d'être

Votre très humble serviteur,

J.-A. D.

La Mure, lè 22 novembre 1895.

PERSONNAGES

Hermann, landgrave de Thuringe.
Tannhæuser,
Wolfram d'Eschenbach,
Walther de la Vogelweide,   } Chevaliers-
Biterolf,   chanteurs.
Henri le Scribe,
Reimar de Zweter.
Élisabeth, nièce du landgrave.
Vénus.
Un jeune berger.

Chevaliers-chanteurs. Comtes. Nobles. Dames nobles. — Pages. — Vieux et jeunes pèlerins. — Sirènes. Naïades. Nymphes. Bacchantes.

Lieux :

La Thuringe. La Wartburg.

Le drame se passe au commencement du XIIIme siècle.

PROLOGUE

L'antique déesse germaine, l'aimable, douce et gracieuse *Holda,* dont la procession annuelle à travers le pays apportait aux champs l'abondance et la prospérité, dut, à l'introduction du christianisme, partager le sort de Wodan et des autres dieux. L'existence et la miraculeuse puissance de ces dieux ne furent pas absolument niées, le peuple ayant en eux une foi trop vive ; mais leur bienfaisante influence passée devint suspecte et maligne.

Holda fut reléguée dans des grottes souterraines, au sein des montagnes ; ses sorties devinrent funestes et sa suite fut désormais une troupe infernale. Plus tard (tandis que la foi en son doux et vivifiant pouvoir régnait encore ignorée dans les basses classes du peuple) son nom se transforma en celui de *Vénus,* nom qui fut le symbole d'une existence démoniaque, enchanteresse et séductrice, faite de plaisirs impurs et sensuels. L'une de ses principales demeures était en Thuringe, disait-on, l'intérieur de l'Hörselberg, près d'Eisenach. C'est là que *Vénus* tenait la somptueuse cour de la volupté ; souvent même on pouvait entendre au dehors le murmure d'une enivrante musique. Mais ses suaves accents ne séduisaient que ceux au cœur desquels germaient déjà d'ardents désirs sensuels : attirés et guidés par cette joyeuse et séduisante harmonie, ils tombaient sans savoir comment au sein de la montagne. La renommée raconte qu'un chevalier et un chanteur *Tannhœuser* (d'après la légende et l'histoire *Henri d'Ofterdingen* du Tournoi des Chanteurs) serait allé au *Vénusberg* et aurait passé une année entière à la cour de *Vénus*.

PREMIER ACTE

PREMIÈRE SCÈNE

(La scène représente l'intérieur du *Vénusberg* (l'Hœrselberg), près d'Eisenach. C'est une vaste grotte, qui fait un coude à droite et s'étend à perte de vue. Dans les profondeurs de la scène, on voit un lac bleu dans les eaux duquel se baignent des Naïades, tandis que sur ses hauts bords sont couchées des Sirènes. A gauche et tout à fait à l'avant-scène, **Vénus** est étendue sur sa couche; devant elle, à demi agenouillé, **Tannhæuser** repose, la tête sur le sein de la déesse. — Toute la grotte est éclairée d'une lumière rose. — Au milieu, on aperçoit un groupe dansant de Nymphes; sur les hautes saillies latérales de la grotte sont couchés des couples amoureux dont quelques-uns, peu à peu, prennent part à la danse des Nymphes. — Un cortège de Bacchantes arrive sur la scène, exécutant une bacchanale effrénée ; elles se mêlent aux groupes des danseurs qu'elles entraînent en une ronde délirante. Pendant cette ronde on entend venir, comme un écho, du fond de la scène, le chant des Sirènes.)

Chant des Sirènes

Venez aux rives, venez au séjour où, en d'ardentes étreintes, un divin amour apaisera vos désirs !

(Pendant ce chant, plusieurs fois répété, on voit vaguement dans les nuées le tableau de l'Enlèvement d'Europe, puis Léda et son cygne. — Les danseurs s'arrêtent tout à coup dans les poses les plus lascives et prêtent l'oreille au chant des Sirènes. Puis de nouveau, ils reprennent leurs ébats et bientôt leur délire est à son comble. Mais à l'instant où leur joie débordante les enivre, une subite torpeur les saisit. Les couples d'amoureux cessent peu à peu leurs danses et, comme pris d'une aimable lassitude, s'étendent sur les rebords de la grotte. Le cortège des Bacchantes disparaît vers les profondeurs de la scène qui se voilent de vapeurs de plus en plus épaisses. Un rideau de nuages roses tombe même sur l'avant-scène et cache les groupes endormis. Bientôt on ne voit plus que l'étroit espace dans lequel se trouvent, toujours dans la même attitude, **Vénus** et **Tannhæuser.** Dans le lointain résonne encore le chant des Sirènes.)

DEUXIÈME SCÈNE

(**Tannhæuser** lève la tête, comme s'il venait d'être hanté d'un songe. — **Vénus** l'attire vers elle d'une main caressante. — **Tannhæuser** met la main sur ses yeux et semble chercher à retenir son rêve.)

Vénus

O bien-aimé, dis-moi où ton esprit s'envole ?

Tannhæuser (très agité).

C'en est trop ! C'en est trop ! Ah ! puissé-je enfin m'éveiller !

Vénus (avec le plus grand calme).

Dis-moi quel est ton chagrin?

Tannhæuser

En songe je croyais entendre — ce que depuis longtemps n'ouït plus mon oreille! — je croyais entendre le bruit joyeux des cloches! Oh dis! depuis quel temps ne le perçois-je plus?

Vénus

Où vas-tu t'égarer? Qu'est-ce qui te saisit?

Tannhæuser

Le temps qu'ici je passe, je ne le puis mesurer : — le jour, la nuit — n'existent plus pour moi, car je ne vois plus le soleil, ni les riants astres du ciel; — je ne vois plus le rameau reverdi ramener l'été, — je n'entends plus le rossignol m'annoncer le printemps : — je ne l'ouïrai plus, je ne les verrai plus jamais?

Vénus

Ha! quelles paroles! Et quelles plaintes insensées! Es-tu si tôt las des suaves merveilles que mon amour t'a réservées? — Ou comment? Te repens-tu si fort d'être un dieu? As-tu si tôt oublié ton passé de douleur auprès de ton bonheur présent? — Debout, mon aède ! Prends ton luth et célèbre l'amour ; redis ce chant si beau que par lui tu gagnas Vénus elle-même. Chante l'amour, toi qui en as reçu le prix sublime !

(Elle prend la harpe de Tannhæuser et la lui tend.)

Tannhæuser (prenant une résolution subite, reçoit la harpe et se place solennellement devant Vénus.)

Que tes louanges retentissent ! Bénies soient les merveilles que pour ma félicité créa ta puissance ! Que mon chant d'allégresse exalte les douces extases nées de tes faveurs ! Mon cœur, hélas ! désirait la joie et la volupté suprême : alors tu m'abandonnas, quoique simple mortel, ce qu'autrefois tu ne donnais qu'aux dieux.

(Il pose sa harpe.)

— Mais mortel, hélas ! je suis resté et ton amour m'est trop sublime ; car si un dieu a des jouissances éternelles, moi, je suis sujet au changement. Le plaisir seul ne peut remplir mon cœur : heureux, j'ai le désir ardent de la souffrance. Il me faut quitter ton royaume. — O reine ! ô déesse ! laisse-moi m'enfuir !

Vénus (encore étendue sur sa couche).

Qu'entends-je ! Quel chant ! A quels tristes accents ton hymne est-il tombé ? Où s'en est envolé cet enthousiasme qui ne t'inspirait que des chants voluptueux ? Qu'est-ce ? En quoi mon amour a-t-il pu te lasser ? O mon bien-aimé, de quoi m'accuses-tu ?

Tannhæuser (reprenant sa harpe).

Que grâces te soient rendues pour tes faveurs et que loué soit ton amour ! Bienheureux à jamais qui vécut près de toi ! Éternellement envié celui dont l'ardente passion goûta dans tes bras la volupté des dieux ! Ravissantes sont les merveilles de ton royal séjour, où je m'enivre des plus suaves délices ! Nulle contrée du vaste monde n'offre de telles splendeurs, et tu peux aisément te passer des biens de la terre. Mais moi, je ne puis ; de cette atmosphère odorante et rosée, mes désirs s'en vont vers les effluves de nos forêts, vers l'azur de notre ciel serein, vers la fraîche verdure de nos prairies, vers le chant aimé de nos petits oiseaux et la chère mélodie de nos cloches. — Il me faut donc quitter ton royaume. — O reine ! ô déesse ! laisse-moi m'enfuir !

Vénus (se dressant de fureur).

Perfide ! Malheur à toi ! Quelles paroles as-tu proférées ? Tu oses outrager mon amour ? Tu le célèbres et le veux fuir quand même ? Mes charmes n'ont-ils donc grandi que pour te rassasier ?

Tannhæuser

O belle déesse, ne sois pas irritée contre moi !

Vénus

Mes charmes n'ont grandi que pour te rassasier !

Tannhæuser

C'est la sublimité de tes charmes que je fuis !

Vénus

Malheur à toi ! Traître ! Hypocrite ! Ingrat ! je ne te laisserai pas, tu ne dois pas me fuir !

Tannhæuser

Jamais mon amour ne fut plus ardent, jamais il ne fut plus vrai qu'à l'instant où je vais te quitter pour toujours !

Vénus (qui avait d'abord vivement détourné son visage de **Tannhæuser,** se retourne en souriant, et lui dit d'une voix pleine de séduction):

O mon bien-aimé, viens donc avec moi ! Vois la grotte là-bas baignée de vapeurs rosées ! Un dieu lui-même serait ravi d'habiter ce séjour enchanté de la joie. Repose-toi sur cette molle couche, afin d'éloigner la douleur; que la brise calme ta tête brûlante et qu'une délicieuse flamme embrase ton cœur. De mon aimable et lointaine demeure d'harmonieux accords nous appellent. Laisse mon bras t'enlacer en une douce étreinte; tu boiras sur mes lèvres le nectar divin, et mes yeux pour toi brilleront de reconnaissance et d'amour. Une fête splendide va préluder à notre union; en liesse célébrons la fête de l'amour! Et ne lui fais point de timides sacrifices, — non, dans les bras de Vénus enivre-toi de voluptés.

Les Sirènes (dans le lointain et invisibles).

Venez aux rives, venez au séjour, etc...

Vénus (attirant doucement **Tannhæuser** près d'elle).

O mon chevalier! O mon bien-aimé! Veux tu t'enfuir?

Tannhæuser (profondément saisi, frappe avec ardeur les cordes de sa lyre.)

Toujours pour toi et pour toi seule mon chant doit retentir! Et toujours je ne chanterai que ta gloire! Tes charmes suaves sont la source de toute beauté et de toi naît toute grande merveille. Pour toi seule le feu que tu as allumé en mon cœur brûlera comme une flamme pure. Oui, contre le monde entier désormais je veux être ton intrépide et vaillant chevalier. — Mais il me faut aller vers le terrestre monde ; chez toi je ne puis que servir ; c'est la liberté que je désire, la liberté, la liberté dont je suis altéré ! Je veux aller au combat, à la gloire, dussé-je y trouver le trépas. Il me faut donc quitter ton royaume. O reine ! ô déesse ! laisse-moi m'enfuir !

Vénus (débordant de colère).

Va-t'en, insensé, va-t'en ! Traître, fuis, je ne te retiens plus ! Sois libre, — va-t'en, va-t'en ! Que ton désir soit ta destinée ! Sauve-toi vers la froide humanité dont nous fuîmes jadis le honteux et bas aveuglement, nous, divinités de la joie, pour le sein brûlant et profond de la terre ! Va-t'en, homme séduit ! Cherche ton salut, cherche ton salut, — et ne le trouve jamais ! Bientôt l'orgueil quittera ton âme altière ; — je te vois déjà humble, contrit, brisé, revenir vers moi, me chercher et implorer ma divine puissance !

Tannhæuser

Hélas ! belle déesse, adieu ! Jamais plus je ne reviens vers toi !

Vénus

Ha ! si jamais tu ne revenais !... si jamais tu ne reviens, oh ! alors que maudit de moi soit tout le genre humain ! C'est en vain qu'on m'invoquera !

Puisse le monde être désert et son héros être un esclave ! — Reviens ! reviens vers moi !

Tannhæuser

Jamais plus ne me ravira le bonheur d'aimer !

Vénus

Oh ! reviens, si ton cœur t'y invite !

Tannhæuser

Ton bien-aimé s'en va pour toujours !

Vénus

Et si le monde entier te bannit ?

Tannhæuser

Je rachèterai l'anathème par la pénitence !

Vénus

Jamais tu ne seras pardonné, — reviens et tu trouveras ton salut !

Tannhæuser

Mon salut, mon salut repose en la Vierge Marie!

> (**Vénus** pousse un cri d'épouvante et disparaît brusquement avec sa grotte. La scène se transforme et on voit apparaître la Wartburg.)

TROISIÈME SCÈNE

> (**Tannhæuser** se trouve subitement debout dans une belle vallée, dominée par un ciel d'azur. Dans le lointain, à droite, la Wartburg ; à gauche, plus loin encore, l'Hörselberg. — A droite un sentier, à mi-hauteur de la vallée, conduit à l'avant-scène, puis fait un contour par côté ; au bas de ce sentier se dresse une statue de la Vierge, à laquelle on accède par une saillie de la montagne. — Des hauteurs de gauche, on entend les clochettes des troupeaux. — Sur un rocher élevé un jeune pâtre est assis. Il joue du chalumeau et chante.)

Le Berger

Dame Holda est sortie de la montagne pour aller par les champs et les prés ; mon oreille entendit alors une douce mélodie et mes yeux voulurent voir ; puis je rêvai maint songe magnifique, et quand à nouveau mon œil s'ouvrit à la lumière, déjà brillait le soleil brûlant ; le mois de mai, le mois de mai était venu. Et maintenant je joue joyeux sur mon chalumeau : voilà le mois de mai, le beau mois de mai.

(Il rejoue du chalumeau. On entend au loin le chant des vieux pèlerins qui descendent de la Wartburg par le chemin de droite.)

Chant des vieux Pèlerins

Je vais vers toi, Seigneur Jésus, toi qui es l'espérance du pèlerin ! Sois louée, Vierge douce et pure, et favorise le pèlerinage ! Hélas ! je plie, je succombe sous le poids du péché ! Aussi je ne veux plus ni sommeil, ni repos ; à moi la peine et la souffrance ! A la grande fête du Jubilé, je vais expier mes fautes dans l'humilité. Béni soit le chrétien fidèle, il sera racheté par la pénitence et le repentir.

(Le pâtre qui avait continué à jouer du chalumeau, s'arrête lorsqu'il aperçoit sur la hauteur opposée le cortège des pèlerins venir à lui.)

Le Berger (levant son chapeau et interpellant les pèlerins à voix haute).

Qu'heureux soit votre voyage à Rome ! Priez pour ma pauvre âme !

Tannhæuser (se jette à genoux, avec recueillement) :

O Tout-Puissant, que ta gloire soit célébrée ! Grandes sont les merveilles de ta grâce !

Le chant des Pèlerins

Je vais vers toi, Seigneur Jésus, toi qui es l'espérance du pèlerin ! Sois louée, Vierge douce et pure, et favorise le pèlerinage !

>(Les pèlerins s'en vont et s'inclinent tous en passant devant la statue de la Vierge. Leur chant se perd dans le lointain.)

Tannhæuser (lorsque le chant des pèlerins ne se perçoit plus qu'avec peine, le reprend, toujours agenouillé, et comme plongé dans une ardente prière).

Hélas ! je plie, je succombe sous le poids du péché ! Aussi je ne veux plus ni sommeil, ni repos; à moi la peine et la souffrance !

>(Des pleurs étouffent sa voix. — On entend encore chanter les pèlerins et l'écho de leurs voix vient s'éteindre sur la scène, tandis que s'élève le bruit des cloches d'Eisenach. Lorsque tout s'est apaisé, on perçoit les appels des cors de chasse qui s'approchent vers la gauche.)

QUATRIÈME SCÈNE

Tannhæuser, le Landgrave, Walther, Biterolf, Wolfram et les autres chanteurs

(Sur les hauteurs de gauche, dans un sentier de la montagne, s'avancent, un à un, **le Landgrave** et les Chanteurs, tous en costume de chasse. Pendant le cours de la scène toute la chasse du Comte se réunit à lui.)

Le Landgrave

Qui est là en ardente prière ?

Walther

Un pénitent sans doute.

Biterolf

Un chevalier : il en a le costume.

Wolfram (qui s'est avancé vers **Tannhæuser** et l'a reconnu).

C'est lui !

Les Chanteurs et le Landgrave

Henri ! Henri ! Est-ce bien toi !

> (**Tannhæuser** s'est dressé de surprise, puis, se remettant, s'incline en silence devant **le Landgrave,** après avoir jeté un rapide regard sur lui et les Chanteurs.)

Le Landgrave

Est-ce vraiment toi ? Reviens-tu parmi ceux que ton orgueil quitta ?

Biterolf

Dis, que présage pour nous ton retour ?

Le Landgrave et les Chanteurs (Biterolf excepté).

Dis-le nous !

Biterolf

Est-ce la paix ou le combat ?

Walther

Viens-tu vers nous en ami ou en ennemi ?

Les autres Chanteurs (à part **Wolfram**).

En ennemi ?

Wolfram

Oh ! ne l'interrogez point ! Est-ce donc là une mine altière ?

(S'approchant de **Tannhæuser.**

— Salut, intrépide chanteur, qui depuis si longtemps, hélas ! nous manque !

Walther

Sois le bienvenu, si tu viens en paix !

Biterolf

Salut à toi, si nous sommes de nouveau tes amis !

Tous les Chanteurs

Salut! salut! salut!

Le Landgrave

Sois aussi le bienvenu pour moi! Dis, où es-tu resté si longtemps?

Tannhæuser

J'errai loin, bien loin d'ici, — quel est ce lieu où je ne trouvai jamais ni paix, ni repos, oh! ne me le demandez point. Ce n'est pas le combat qu'auprès de vous je cherche; soyons amis, mais laissez-moi partir!

Le Landgrave

Non certes! Tu es redevenu des nôtres.

Walther

Tu ne dois pas partir.

Biterolf

Nous ne le voulons pas.

Le Landgrave et les Chanteurs (à part Biterolf).

Reste auprès de nous!

Tannhæuser

Laissez-moi! Nul séjour ne m'est nécessaire, et le repos m'a fui pour la vie; toujours devant moi il me faut aller, sans pouvoir jamais porter mes regards en arrière.

Le Landgrave et les Chanteurs

Oh! reste. Auprès de nous tu dois demeurer, nous ne te laisserons pas partir. Tu nous cherchais; pourquoi t'enfuir après un revoir si court?

Tannhæuser (s'arrachant à eux).

Partir! Oui, il faut que je parte d'ici!

Les Chanteurs

Reste, reste auprès de nous!

Wolfram (se précipite au-devant de Tannhæuser et d'une voix forte).

Reste auprès d'Élisabeth!

Tannhæuser (saisi d'une très vive joie).

Élisabeth! — O puissance du ciel, est-ce toi qui me fais entendre ce nom si doux?

Wolfram

Ne me traite pas d'ennemi pour te l'avoir nommée.

(Se tournant vers **le Landgrave**.)

— Me permets-tu, Prince, de lui annoncer son bonheur ?

Le Landgrave

Dis-lui le charme qu'il a exercé, — et que Dieu lui donne la vertu de le rompre dignement.

Wolfram

Lorsque, dans l'audacieux tournoi poétique, tu nous combattais, soit que ton chant fût victorieux, soit que notre art l'emportât sur le tien, il était un prix que seul de nous tu obtenais toujours. Était-ce par un charme, était-ce par une sainte puissance que tu accomplis ce miracle ? Ton chant voluptueux et triste séduisit la plus vertueuse des vierges. Hélas ! lorsque ta fierté nous quitta, son cœur en effet à nos chants se ferma ; nous vîmes pâlir ses joues et pour toujours elle fuit notre cour. — Oh ! reviens, intrépide chanteur, et que ton chant s'unisse au nôtre ; — reviens afin qu'elle ne manque plus à nos fêtes, et qu'à nouveau pour nous brille son étoile !

Les Chanteurs

Sois des nôtres, Henri ! Reviens à nous ! Oublions discordes et querelles ! Que nos chants réunis retentissent, et soyons désormais tes frères !

Tannhæuser (profondément ému, embrasse vivement **Wolfram** et les autres Chanteurs).

Vers elle ! vers elle ! Oh ! menez-moi vers elle ! Ah ! je les reconnais maintenant les splendeurs de ce monde que j'avais quitté ! Les regards du ciel descendent jusqu'à moi et tout autour de moi les champs brillent de leur riche parure. Les mille voix de l'harmonieux printemps pénètrent en mon âme et l'enivrent, tandis que mon cœur, brûlant d'un doux et impétueux désir, me crie bien haut : « Vers elle, vers elle ! »

Le Landgrave et les Chanteurs

Il nous est revenu, celui que nous avions perdu ! Un miracle nous l'a ramené. Bénie soit l'aimable puissance qui lui ôta son orgueil ! Qu'à l'oreille de la vierge bien-aimée retentissent encore } vos/nos chants les plus sublimes et que de } votre/notre poitrine s'élève un hymne d'allégresse !

(Toute la chasse s'est rassemblée dans la vallée. **Le Landgrave** sonne du cor. Les appels des chasseurs lui répondent. On amène des chevaux. **Le Landgrave** et les Chevaliers montent en selle et s'éloignent.)

(Le rideau tombe.)

DEUXIÈME ACTE

PREMIÈRE SCÈNE

(La salle des Chanteurs de la Wartburg, dont l'entrée au fond donne sur une terrasse, d'où l'on accède à une petite tour, à gauche. A droite, à l'intérieur, des portes et un escalier donnent accès dans le château. La salle est garnie, à droite, de gradins pour les invités. Du même côté et en avant, le trône du Landgrave.)

Élisabeth (arrive toute rayonnante de joie).

O chère salle, salut encore une fois; joyeuse, je te salue, espace bien-aimé ! Sous tes voûtes son chant va bientôt résonner et m'éveiller de mon pénible rêve. — Ah ! que tu me paraissais désolée, pendant qu'il était loin de toi ! La paix m'avait fui, la joie t'avait quittée toi-même. — Aujourd'hui mon cœur s'élève, et comme lui, tu me parais fière et superbe, car celui qui nous animait tous deux d'une vie nouvelle est revenu pour toujours. Salut ! salut ! salut ! ô chère salle !

DEUXIÈME SCÈNE

(On voit venir au fond **Wolfram**, conduisant **Tannhæuser**.)

Wolfram (bas à **Tannhæuser**.)

La voilà : — approche-toi d'elle en silence !

Tannhæuser (se jetant aux pieds d'**Élisabeth**.)

O princesse !

(**Wolfram** se tient à l'écart, au fond.)

Élisabeth (émue et troublée).

O Dieu ! — Levez-vous ! — Laissez-moi. Je ne puis vous voir en ces lieux !

Tannhæuser

Tu le peux ! Oh, reste, et laisse-moi prosterné à tes pieds !

Élisabeth (avec joie).

Eh bien, levez-vous ! Aussi bien vous ne devez pas plier ici le genou, puisque cette salle est votre royaume. Oh ! levez-vous ! Et soyez remercié pour votre retour ! — Où êtes-vous si longtemps demeuré ?

Tannhæuser (se relevant lentement).

Loin, loin, bien loin d'ici. Mais le voile épais de l'oubli est tombé entre hier et aujourd'hui. — Tous mes souvenirs se sont vite évanouis, et je ne me rappelle que cette seule chose : je n'espérais plus vous revoir, ni lever jamais plus vers vous mes regards.

Élisabeth (étonnée).

Qu'est-ce donc qui vous a ramené ?

Tannhæuser

Un miracle, un prodigieux et sublime miracle !

Élisabeth (avec une tendre émotion).

Du plus profond du cœur je bénis ce miracle ! Excusez-moi, si je ne sais ce que je dis : je rêve encore et je m'égare comme une enfant, — livrée, sans m'en pouvoir défendre, à la puissance de ce prodige. Je ne me connais presque plus ; oh, aidez-moi à deviner l'énigme de mon cœur. — Jadis j'aimais beaucoup ouïr les belles mélodies des aèdes : leur chant et leurs hymnes étaient pour moi un délicieux plaisir. Mais quelle étrange vie nouvelle vos chants éveillaient en mon âme ! Tantôt ils me saisissaient de douleur et je me sentais frémir, tantôt ils faisaient naître en moi d'impétueux désirs. O sentiments, que jamais je n'avais éprouvés ! O désirs, que jamais je n'avais connus ! Tout ce qu'autrefois j'aimais s'était évanoui devant ces délices dont j'ignorais même le nom ! — Et lorsque vous nous eûtes quittés, — la paix et les désirs me quittèrent aussi. Les chants que les aèdes faisaient entendre me paraissaient fades et leur esprit morose. Le rêve n'était plus pour moi qu'une vive souffrance et le réveil qu'une illusion amère ; la joie enfin avait fui de mon cœur. — O Henri, que m'avez-vous donc fait ?

Tannhæuser (ému et ravi).

Au dieu de l'amour adresse tes louanges ! C'est lui qui touchait les cordes de ma lyre, lui qui te parlait par ma voix ! Et c'est encore lui qui m'a ramené vers toi !

Élisabeth

Bénie soit l'heure, bénie soit la puissance qui m'annonça votre aimable retour ! Dans l'éclat du plaisir le soleil me sourit ; une nouvelle vie pour moi s'éveille, et la joie renaît en mon sein !

Tannhæuser

Bénie soit l'heure, bénie soit la puissance qui m'a par ta bouche annoncé mon bonheur! Je peux désormais me consacrer avec ardeur à cette vie nouvelle, puisque en un joyeux délire, je peux dire que la plus suave de ses merveilles est à moi !

(Il sort.)

Wolfram (à part).

Ainsi pour moi tout rayon d'espérance s'éteint ici-bas !

> (**Tannhæuser** quitte **Élisabeth** et court embrasser **Wolfram.** Puis tous deux s'éloignent. **Élisabeth** reste seule dans la salle.)

TROISIÈME SCÈNE

Le Landgrave, Élisabeth

Le Landgrave (entrant par la gauche).

Toi, je te trouve en cette salle que si longtemps tu évitas ! Est-ce qu'enfin le tournoi de chanteurs que je prépare t'attire en ces lieux ?

Élisabeth (en l'apercevant va se jeter dans ses bras).

O mon oncle ! O mon bon père !

Le Landgrave

Te sens-tu pressée de m'ouvrir ton cœur ?

Élisabeth

Regarde donc en mes yeux ! Parler je ne puis.

Le Landgrave

Eh bien, que quelque temps encore ton secret demeure caché ; reste sous le charme qui te tient jusqu'à l'heure où tu pourras le rompre ! — Soit ! Le prodige que le chant a fait naître en toi, le chant va le dévoiler bientôt et y mettre une digne fin. Que l'art gracieux se fasse entendre !

(On perçoit le son des trompettes.)

— Déjà s'approchent les nobles de mon pays que j'ai invités à cette rare fête, et ils viennent en plus grand nombre que jamais, ayant appris que tu en es la reine.

(**Le Landgrave** conduit **Élisabeth** sur la terrasse pour voir arriver les invités.)

QUATRIÈME SCÈNE

(Des fanfares résonnent. Les invités arrivent. Dames et Seigneurs sont brillamment parés. Des Pages les précèdent. Ils saluent à l'entrée **le Landgrave** et **Élisabeth** qui les reçoivent.)

Le chœur

Nous saluons avec plaisir la noble salle, où règnent toujours la paix et l'art, et où longtemps encore doit retentir ce cri d'allégresse : Prince de Thuringe, Landgrave Hermann, salut !

(Les Chevaliers et les dames ont gagné les sièges élevés qui leur sont indiqués par les pages dans le vaste hémicycle de droite. A l'avant-scène, **le Landgrave** et **Élisabeth** s'asseyent sous le baldaquin d'honneur dressé pour eux. Des trompettes résonnent. — Les Chevaliers-Chanteurs font leur entrée solennelle en s'inclinant d'un air chevaleresque devant l'assemblée, puis ils prennent place au milieu de la salle sur des sièges réservés. **Tannhæuser** est tout à fait à l'avant-scène, sur la gauche ; **Wolfram,** à droite, à l'extrémité opposée du cercle. Tous deux font face à l'assemblée.)

Le Landgrave (se levant et se tournant vers les Chanteurs).

Déjà en cette salle vous avez beaucoup et bien chanté, vous, chers aèdes ; vos sages énigmes et vos chants joyeux ont réjoui notre esprit et notre cœur. — Si notre épée, en de sanglants et sérieux combats, a soutenu contre les Guelfes la majesté de l'Empire allemand, et réprimé de funestes discordes, vous vous êtes acquis une non moindre gloire. Votre art a donné à la grâce, à la pureté, à la vertu, à la vraie foi, de grandes et éclatantes victoires. — Préparez-nous donc encore une fête, aujourd'hui que nous est revenu l'intrépide Chanteur dont l'absence nous fut si cruelle. Je ne sais ce qui l'a ramené près de nous ; un étrange secret, ce me semble, que votre chant nous va découvrir. Aussi bien je vous propose ce thème : approfondissez-moi la nature de *l'amour*. Celui qui le pourra et dont le chant sera le plus digne recevra le prix des mains d'Élisabeth. Qu'il le réclame, aussi précieux, aussi élevé soit-il, j'aurai soin qu'elle le lui assure. — Debout, chers Chanteurs ! Faites retentir les cordes de vos lyres ! Le sujet est donné, disputez-vous le prix, et recevez d'abord tous nos remerciements !

Le Chœur des Chevaliers et des Dames Nobles
(debout).

Salut ! salut ! salut au prince de Thuringe, salut au protecteur de l'art gracieux !

(Tous s'asseyent.)

Quatre Pages d'honneur (se lèvent et vont présenter aux Chevaliers-Chanteurs une coupe d'or, dans laquelle chacun d'eux jette un billet portant son nom. Les Pages tendent ensuite la coupe à **Élisabeth** qui en sort un des billets qu'elle leur remet. Ils l'ouvrent et crient :)

Wolfram d'Eschenbach, commence !

(**Wolfram** se lève. Pendant ce temps, **Tannhæuser** reste accoudé sur sa harpe, attentif et rêveur.)

Wolfram

Si je promène mes regards sur cette noble assemblée, quel spectacle splendide enflamme mon cœur ! Que de héros vaillants, probes et sages j'aperçois, — on dirait une majestueuse, fraiche et verte forêt de chênes superbes. Et si je considère toutes ces dames charmantes et vertueuses, il me semble voir une odorante couronne des plus suaves fleurs. Mon œil est aveuglé par ce spectacle et ma voix s'éteint devant une si gracieuse splendeur. — Je regarde alors une étoile, une unique étoile en ce ciel éblouissant : mon esprit aussitôt se recueille et mon âme s'anéantit dans la prière. Car voici qu'à moi se montre une fontaine merveilleuse que je contemple avec ravissement et où je puise de divines et ineffables délices qui apaisent mon cœur. Mais jamais je ne voudrais troubler cette source, ni la frôler de mes lèvres avides : plutôt consacrer ma vie à l'adorer et verser joyeusement pour elle jusqu'à la dernière goutte de mon sang. — C'est ainsi, nobles seigneurs, que j'entends le *pur* amour.

Les Chevaliers et les Dames

C'est bien cela ! Que ton chant soit loué !

Tannhæuser (mettant fin à sa rêverie, se lève rapidement).

Moi aussi, Wolfram, j'ai le bonheur de pouvoir contempler ce que tu contemples. Qui ne connaît en effet cette fontaine ? Écoute, comme toi, j'apprécie sa haute vertu. — Mais je ne peux m'approcher de sa source sans sentir en moi des désirs brûlants. Pour calmer l'ardeur de ma soif, j'y pose mes lèvres avec confiance et y bois à longs traits des voluptés sans nombre : car cette fontaine est intarissable comme mon désir lui-même inextinguible. Et afin qu'en moi ce désir arde toujours, je me rafraîchis toujours à cette source. Voilà, Wolfram, quel est pour moi le *véritable* amour.

(**Élisabeth** fait un signe pour marquer son approbation, mais tous les auditeurs gardent un profond silence. Alors elle s'arrête toute timide.)

Walter de la Vogelweide (se levant).

Mon lumineux esprit contemple aussi la fontaine dont nous parle Wolfram. Mais toi, Henri, qui brûles de soif pour elle, tu ne la connais vraiment pas. Laisse-moi te dire et t'enseigner que cette fontaine est la *vertu* même : tu dois l'adorer avec ferveur et respecter sa pureté si belle. Si tu y posais tes lèvres pour apaiser une impure passion, si tu voulais seulement en effleurer les bords, elle perdrait à jamais sa vertu merveilleuse ! Si tu veux te rafraîchir à cette source, c'est ton cœur et non ton palais que tu dois y rafraichir.

Les auditeurs (très haut).

Salut à toi, Walther ! Que ton chant soit loué !

Tannhæuser (se lève vivement).

O Walther, en chantant ainsi l'amour, tu l'as dénaturé ! En de si langoureux désirs le monde ne tarderait pas à s'éteindre. Pour rendre gloire à Dieu, levons nos regards vers des hauteurs sublimes, et, considérant le ciel étoilé, payons un juste tribut d'admiration à ses merveilles, parce qu'elles sont insondables. Mais ce que nous pouvons toucher, ce que notre cœur et nos sens peuvent atteindre, ce qui, fait de même matière, s'enlace à nous sous des formes si tendres, — il faut l'aimer avec volupté ; c'est dans la volupté seule que je connais l'amour.

(Grande agitation parmi l'assemblée.)

Biterolf (se dressant de fureur).

Au combat contre nous tous je t'appelle ! Qui pourrait paisiblement entendre tes paroles ? Si ton orgueil le peut souffrir, ô blasphémateur, écoute-moi donc à ton tour ! Quand un grand amour m'enflamme, il fortifie mon bras et mon courage, et, pour le préserver à jamais de l'injure, je verserais fièrement tout mon sang. Je défends de ma chevaleresque épée l'honneur des dames et la haute vertu ; mais ce que le plaisir offrit à ta jeunesse est d'un vil prix et ne vaut pas un coup d'épée.

Les auditeurs (avec animation).

Salut, Biterolf ! à toi notre épée !

Tannhæuser (se redressant de plus en plus excité).

O Biterolf ! insipide fanfaron, loup furieux, tu chantes l'amour, sans comprendre assurément ce qu'est pour moi la volupté ! Quelles jouissances as-tu donc eues, toi, pauvre hère ? L'amour n'a point béni ta vie et les rares joies que tu connus ne valaient certes pas un coup d'épée.

(Agitation croissante dans l'assemblée.)

Les Chevaliers (indignés).

Ne le laissez pas achever ! Réprimez son audace !

Le Landgrave (arrêtant **Biterolf** qui déjà tirait son épée).

Arrière ce glaive ! — Chanteurs, restez en paix !

Wolfram (se levant, d'un air inspiré).

O ciel, laisse-toi fléchir et daigne couronner mon

chant ! Éloigne le péché de cette noble et pure assemblée ! O amour sublime, c'est pour toi que retentit mon hymne inspiré, pour toi, qui, sous les traits d'un ange radieux, m'as pénétré jusqu'au tréfonds de l'âme ! C'est Dieu qui t'a envoyé vers nous, car si je suis ton rayon jusqu'en ton lointain et délicieux séjour, — je vois que tu mènes au royaume où brille ton étoile éternelle.

Tannhæuser (débordant d'enthousiasme, prend vivement son luth).

O déesse de l'amour, pour toi mon chant va retentir ! Je veux bien haut célébrer ta gloire ! Ta grâce suave est la source de toute beauté et de toi naît toute grande merveille ! *Celui-là* connaît l'amour et *lui seul* le connaît, qui t'a voluptueusement enlacée dans ses bras ! Pauvres mortels, qui n'avez jamais su ce qu'était l'amour, allez, allez au *Vénusberg !*

(**Tous** se levant saisis d'horreur.)

O le sacrilège ! Fuyez-le ! Entendez-vous ? Il a été au *Vénusberg !*

Les Dames Nobles

Partons ! Éloignons-nous de lui !

(Ils s'éloignent tous avec hâte et en faisant des signes d'effroi. Seule **Élisabeth** qui, pendant toute la durée de la querelle, a écouté le cœur plein d'angoisse, reste seule de toutes les femmes, le visage blême, debout, et soutenant ses forces qui l'abandonnent à l'un des piliers de bois du baldaquin. — **Le Landgrave**, tous les **Chevaliers** et les **Chanteurs** ont quitté leurs sièges pour se rassembler. **Tannhæuser**, tout à fait sur le devant de la scène, à gauche, reste encore quelque temps en exaltation.)

Le Landgrave, les Chevaliers et les Chanteurs

Vous l'avez entendu ! Sa bouche impie vient de nous faire cet horrible aveu. Il a partagé les plaisirs de l'enfer, il a été au *Vénusberg !* — Quelle chose effroyable, odieuse, épouvantable ! Trempez votre épée dans son sang ! Renvoyez-le au bourbier infernal ! Qu'il soit condamné et banni !

(Tous se précipitent l'épée nue sur **Tannhæuser** qui prend une attitude arrogante. **Élisabeth** se jette entre les agresseurs et lui, en poussant un cri déchirant, et protège **Tannhæuser** de son corps).

Élisabeth

Arrêtez !

(A sa vue tous s'arrêtent frappés de stupeur.)

Le Landgrave, les Chevaliers et les Chanteurs

Que vois-je ? Comment, Élisabeth, la chaste vierge, intervenant pour le pécheur !

Élisabeth

Arrière ! ou je méprise la mort ! Qu'est-ce en

effet que la blessure de votre fer auprès du coup mortel que j'ai reçu de lui ?

Le Landgrave, les Chevaliers et les Chanteurs

Élisabeth ! que dis-tu là ? Comment ! ton cœur s'égare jusqu'à éloigner le châtiment de celui qui t'a si cruellement trahie ?

Élisabeth

Que m'importe ! Mais lui, — songez à son salut ! Voulez-vous lui ravir son salut éternel ?

Les précédents

Tout espoir est perdu pour lui ! La malédiction du ciel l'a frappé ! Qu'il meure dans son crime !

(Ils se précipitent de nouveau sur **Tannhæuser**.)

Élisabeth (les arrêtant d'un geste).

Arrière ! Vous n'êtes pas ses juges ! Cruels ! jetez ces barbares épées et écoutez la voix de la vierge pure qui vous dit la volonté de Dieu ! — Le malheureux, qu'un charme puissant et terrible tient enchaîné, ne peut-il donc obtenir ici-bas son salut par le repentir et la pénitence ? Vous, dont la foi est si ardente, vous méconnaissez ainsi les conseils du Très-Haut ? Voulez-vous au pécheur ravir son espérance ? Dites-moi quel mal il vous a fait ? Et regardez devant vous la vierge dont, en un coup rapide, il a brisé la fleur ; regardez celle qui l'aima d'un si profond amour et dont, en chantant, il a percé le cœur ! Oh ! je vous implore pour lui ! Je vous implore pour sa vie ! Laissez-le contrit prendre le chemin de la pénitence ! Que le courage de la foi lui soit encore donné, et puisse jadis le Rédempteur avoir souffert aussi pour lui !

Tannhæuser (peu à peu revenu de son exaltation et de son arrogance, profondément touché par les paroles d'**Élisabeth**, tombe défaillant à ses pieds.)

O malheureux ! Malheureux que je suis !

Les précédents (paisibles et émus).

Un ange est descendu du monde éthéré pour annoncer la sainte volonté de Dieu. — Regarde, traître infâme, et reconnais ton crime ! Tu lui as donné la mort et elle implore pour ta vie ! Qui donc n'exaucerait la prière d'un ange ? Si je ne dois pas pardonner le coupable, je ne puis résister aux paroles du ciel.

Tannhæuser

Pour sauver le pécheur, l'envoyée de Dieu est venue près de moi : mais, hélas ! afin de lui donner de criminels désirs, j'ai levé vers elle un œil impur. O toi, qui planes si haut au-dessus de ce monde et qui m'as envoyé un ange tutélaire, aie pitié de moi, aie pitié de celui qui, tombé si bas dans le péché, a honteusement méconnu la médiatrice du ciel !

Le Landgrave (après quelques instants de silence).

Un effroyable forfait a été commis ; — sous un masque trompeur, un fils maudit de l'enfer s'est glissé parmi nous.

(S'avançant vers **Tannhæuser.**)

Nous te chassons d'ici ; — près de nous tu ne dois plus rester, car nos foyers sont souillés par ton ignominie et déjà le ciel regarde menaçant ce toit qui depuis trop longtemps te protège. Pour racheter cependant ton dam éternel, un chemin s'ouvre à toi : en te chassant de ces lieux, je te le montre ; — sers-t'en pour ton salut. — Une foule de pèlerins repentants de mon pays est rassemblée : les vieux sont déjà partis, mais les jeunes se reposent encore dans la vallée. Pour des fautes légères leur cœur ne les laisse en repos, et afin d'apaiser leur pieux désir de pénitence, ils s'en vont à Rome au Jubilé.

Le Landgrave, les Chevaliers et les Chanteurs

Pars avec eux vers la ville du Pardon, et tombe là-bas dans la poussière pour expier ta faute ! Tu te prosterneras aux pieds de celui qui dit le jugement de Dieu. Mais ne reviens jamais s'il ne te donne ta grâce ! Notre vengeance a dû s'apaiser, parce qu'un ange l'a fait taire ; cette épée néanmoins te frappera, si tu persévères dans le péché et la honte !

Élisabeth

Laisse-le aller vers toi, Dieu de miséricorde et d'amour ! Et pardonne à celui qui, tombé si bas, succombe sous le poids du péché. Pour lui, désormais, je veux t'implorer et ma vie ne sera plus qu'une longue prière.

(On entend dans le lointain le chant des pèlerins qui s'approchent.)

Montre-lui ta lumière avant qu'il ne disparaisse dans la nuit ! Accepte une tremblante victime qui s'offre avec joie ! Prends, oh ! prends ma vie : elle n'est plus à moi.

Tannhæuser

Comment puis-je trouver ma grâce et expier ma faute ? Le salut s'est évanoui, la grâce du ciel est perdue pour moi ! Je veux cependant prendre le chemin du repentir, briser ma poitrine et m'anéantir dans la poussière. — Que la contrition me devienne un plaisir. Oh ! puisse enfin l'ange de ma misère me pardonner, cet ange, qui, oubliant mes lâches insultes, s'est offert pour moi en victime expiatoire.

Chœur des jeunes Pèlerins (montant de la vallée).

A la grande fête du Jubilé expiez vos péchés dans l'humilité. Béni soit le chrétien fidèle ; il est racheté par la pénitence et le repentir. A Rome !

(Tous ont écouté religieusement cette hymne, qui a réveillé la charité au fond de leur cœur.)

Tannhæuser (dont le visage s'illumine des rayons d'une vive espérance, se hâte vers eux en criant :)

A Rome !

Tous

A Rome !

(Le rideau tombe rapidement.)

TROISIÈME ACTE

Prélude : **Pèlerinage de Tannhæuser**

PREMIÈRE SCÈNE

(Vallée en avant de la Wartburg ; à gauche l'Hörselberg. A droite, sur le chemin qui monte à la Wartburg, la statue de la Vierge. La nuit tombe. **Élisabeth** prie, agenouillée devant la statue de la Vierge. **Wolfram,** arrivant vers la gauche, s'arrête et la contemple un instant.)

Wolfram

Je pensais bien la trouver ici en prière, comme il m'advient si souvent, lorsque des cimes boisées l'errance me mène dans la vallée. — Il a frappé son cœur à mort : et la voilà prosternée en de

vives douleurs, qui nuit et jour implore son salut.
— O puissance éternelle du saint amour ! — Elle
attend les pèlerins qui reviennent de Rome, —
déjà la feuille tombe et le retour est proche.
Revient-il avec les pécheurs pardonnés ? C'est là
son vœu, là sa prière. — O saints, exaucez-la !
Et si sa blessure ne se doit pas fermer, — donnez
du moins un baume à sa douleur !

> (Au moment où il veut descendre, on entend
> dans le lointain l'hymne des pèlerins ; il
> s'arrête encore.)

Élisabeth (se lève, prêtant l'oreille au chant des pèlerins).

C'est bien leur chant. — Ce sont eux : ils reviennent. O saints, montrez-moi mon devoir en ce moment, afin que je le remplisse dignement !

Wolfram

Ce sont les pèlerins, — c'est là l'hymne pieux
annonçant le salut de la grâce. — O ciel, fortifie
son cœur à cette heure qui va décider de sa vie !

Chant des vieux Pèlerins (que les pèlerins entonnent d'abord
de loin et qu'ils chantent toujours en atteignant l'avant-scène
par la droite, et en longeant la vallée dans la direction de la
Wartburg, jusqu'à ce qu'ils aient disparu dans le fond derrière
les saillies de la montagne.)

Je puis maintenant te contempler avec bonheur,
ô ma patrie, et saluer joyeux tes plaines char-

mantes. Après avoir en chrétien fidèle pèleriné vers Dieu, je vais laisser reposer mon bourdon. La pénitence et l'expiation m'ont réconcilié le Seigneur, auquel mon cœur s'abandonne, que mon repentir bénit et qu'exalte mon chant. Le salut est donné par la grâce au pénitent : il entrera un jour dans la paix bienheureuse du ciel ! Il ne craint ni l'enfer ni la mort. Aussi toute ma vie je chanterai les louanges de Dieu. Alleluia dans l'éternité ! Alleluia dans l'éternité !

(Les pèlerins arrivent par la droite, traversent la vallée et s'en vont disparaître derrière la montagne.)

Élisabeth (a vainement, d'un œil inquiet, cherché **Tannhæuser** parmi les pèlerins. Lorsque leur cortège est terminé, elle s'écrie avec une poignante résignation.)

Il ne revient pas !

Élisabeth (tombe à genoux, brisée de douleur, devant l'image de la Madone.)

O Vierge toute-puissante, exauce ma prière ! C'est toi, Vierge bénie, que j'invoque ! Laisse-moi devant toi redevenir poussière, oh ! rappelle-moi de ce bas monde ! Fais que pure et angélique j'entre en ton bienheureux royaume !

Oh ! si jadis, charmée par un rêve insensé, mon cœur s'éloigna de toi, — si jadis de coupables et terrestres désirs naquirent en mon sein, je luttai et souffris pour les éteindre en moi !

Mais si je ne peux ici-bas expier ce péché, oh !

par pitié, appelle-moi près de toi, et permets que je t'approche en humble et digne servante afin d'implorer ta grâce miséricordieuse pour *son* crime !

> (Elle reste ainsi quelques instants, le visage rasséréné, les yeux dirigés vers le ciel. Puis elle se relève lentement et aperçoit **Wolfram** qui s'est approché d'elle et la contemple. — Et comme il semble vouloir lui parler, elle le supplie par un signe de garder le silence.)

Wolfram

Élisabeth, me serait-il permis de t'accompagner ?

> (**Élisabeth** lui répond à nouveau par des signes, le remerciant cordialement de sa fidélité et de son amour ; mais son chemin la conduit au ciel où elle a une haute mission à remplir, aussi doit-il la laisser seule et ne la point accompagner. — Alors elle s'éloigne sur le sentier de la Wartburg, où on l'aperçoit longtemps dans le lointain.)

DEUXIÈME SCÈNE

(**Wolfram** est resté en arrière et suit longtemps des yeux **Élisabeth** ; il s'assied, à gauche au pied de la montagne, saisit sa harpe et après avoir préludé sur son luth chante.)

Wolfram

Comme un présage de mort le crépuscule tombe, enveloppant la vallée d'un manteau de deuil, et l'âme qui prend son essor vers l'au-delà, avant d'ouvrir ses ailes, est saisie d'angoisse devant l'horrible nuit. Tu parais alors, ô la plus gracieuse des étoiles, et envoies ici-bas ta douce lumière ; ton aimable et souriant rayon perce les noires ténèbres et montre le chemin s'éloignant de ces lieux. O toi, ma belle étoile du soir, j'aimai te saluer toujours ! Salue en retour celle à qui mon cœur fut fidèle, quand, passant près de toi, elle s'envolera de cette vallée de larmes pour aller au ciel recevoir la couronne des anges.

(Il continue à jouer sur son luth.)

TROISIÈME SCÈNE

(Il fait une nuit profonde. Tandis que **Wolfram** joue de la harpe, **Tannhæuser** entre en costume de pèlerin, les vêtements en lambeaux. Il est las et s'appuye avec peine sur son bâton.)

Tannhæuser (d'une voix éteinte).

Je viens d'entendre une harpe, — oh ! que tristes étaient ses accords ! Ils ne venaient point d'elle.

Wolfram

Qui es-tu, pèlerin errant dans la solitude ?

Tannhæuser

Qui je suis? Moi je te connais bien ; — tu es Wolfram, le distingué chanteur.

Wolfram (saisi d'étonnement et d'effroi).

Henri ! C'est toi ? Qu'est-ce qui si près d'ici t'amène ? Parle ! Oses-tu, encore chargé de ton crime, diriger tes pas vers ce pays ?

Tannhæuser (d'une voix lugubre).

N'aie pas de souci, mon cher chanteur ! — Je ne te cherche nullement, non plus que nul des tiens, mais plutôt quelqu'un qui me montre le chemin que je trouvai jadis comme par un prodige.

Wolfram

Et quel chemin ?

Tannhæuser

Celui du *Vénusberg !*

Wolfram

Horreur ! ne souille pas mon oreille ! Ta folie va-t-elle jusque là ?

Tannhæuser

Connais-tu ce chemin?

Wolfram

Insensé ! mon âme se glace d'effroi à tes paroles ! Où as-tu été? Dis, n'es-tu pas allé à Rome?

Tannhæuser (furieux).

Ne me parle point de Rome !

Wolfram (inquiet).

N'as-tu pas été à la fête du Jubilé?

Tannhæuser

Ne m'en parle pas !

Wolfram

N'y es-tu pas allé? Oh! dis-le moi, je t'en conjure !

Tannhæuser (après un instant de silence, et comme essayant de fixer ses souvenirs, l'âme courroucée et endolorie.)

Eh bien, oui, j'ai été à Rome !

Wolfram

Parle donc ! Raconte-moi ton voyage, ô malheureux ! Je me sens pour toi saisi d'une pitié profonde !

Tannhæuser (regardant **Wolfram** avec une émotion étonnée).

Que dis-tu là, Wolfram ? N'es-tu pas mon ennemi ?

Wolfram

Je ne le fus jamais, tant que je crus ton âme pieuse. — Mais parle ! As-tu été à Rome en pèlerin ?

Tannhæuser

Eh bien, écoute. Toi, Wolfram, tu dois tout savoir.

(**Tannhæuser** s'assied au pied de la montagne. **Wolfram** veut s'asseoir près de lui. **Tannhæuser** le repousse d'un geste.)

Arrière de moi ! La terre où je repose est maudite. — Ecoute, Wolfram, écoute.

(**Wolfram** reste debout, à quelque distance de **Tannhæuser**.)

L'âme en fervente prière, comme nul pénitent ne l'eut jamais, je pris le chemin de Rome. Car un ange avait ôté l'orgueil de mon âme altière et criminelle. — Et pour lui je voulais dans l'humilité expier mes fautes, implorer de Dieu ce salut qu'on me disait perdu, afin d'adoucir les larmes que naguère cet ange versa pour un pauvre pécheur ! La route où marchait le pèlerin le plus accablé, il me paraissait trop doux de la suivre : — foulait-il le tapis moelleux des prairies, mon pied nu cherchait la ronce et le caillou ; apaisait-il sa soif à une fontaine, moi je buvais la flamme ardente du soleil ; élevait-il vers le ciel ses pieuses *prières*, moi je versais mon *sang* pour la gloire du Très-Haut. L'hospice recevait-il les pèlerins, moi je priais étendu dans la neige glacée ; les yeux clos, pour ne point admirer leurs merveilles, je traversais comme un aveugle les magnifiques plaines de l'Italie. Telles furent mes souffrances. C'est ainsi que je parvins à Rome, où je me prosternai au seuil de Saint-Pierre. Enfin l'aube du grand jour parut : les cloches sonnèrent et de célestes cantiques descendirent vers nous ; des cris d'une sainte allégresse aussitôt retentirent, car ils annonçaient à la foule la grâce et le salut. Je le vis alors le messager de Dieu : devant lui tout un peuple était anéanti dans la poussière, tandis que des milliers de pèlerins absous se levaient et repartaient radieux. A mon tour je m'approchai moi-même : le front courbé, je m'accusai en de lamentables gémissements des plaisirs impurs que mes sens avaient partagés, et de la concupiscence que nulle mortification n'avait encore apaisée ; pénétré d'une horrible douleur, je le suppliai de me délivrer des chaînes de feu qui me consument. Celui qu'ainsi je priai se leva et me dit : « Si tu as goûté ces voluptés impures, si ton cœur a brûlé des feux infernaux, si tu es allé au *Vénusberg,* tu es damné pour l'éternité. Comme la crosse que je tiens ne reverdira jamais, jamais tu ne seras délivré des flammes dévorantes de l'enfer. » — Alors je tombai brisé sur le sol et je m'évanouis. Lorsque je m'éveillai, la nuit était venue, la place était déserte. Au loin j'entendis l'écho joyeux des chants de grâce, dont la douce harmonie m'écœura. — Effrayé je m'éloignai d'un pas rapide pour ne plus ouïr cet hymne trompeur, du salut qui glaçait mon âme d'horreur. Je me sentis attiré vers le séjour où sur un sein ardent je goûtai des voluptés sans nombre. O Vénus ! je reviens vers toi et je veux redescendre dans la nuit enchanteresse de ta cour où désormais ta beauté me sourira éternellement.

Wolfram

Arrête ! arrête ! Malheureux !

(Des nuées commencent à envahir la scène.)

Tannhæuser (invoquant **Vénus**).

Hélas ! ne me fais pas te chercher en vain, — ah ! qu'aisément autrefois je trouvai ta demeure. Tu entends que les hommes me maudissent, — douce déesse, conduis donc mes pas !

(Les nuées deviennent rosées comme celles du *Vénusberg.*)

Wolfram

O insensé, qui invoques-tu ?

Tannhæuser

Ah ! ne sens-tu pas une agréable brise ?

Wolfram

A moi ! C'en est fait de toi !

Tannhæuser

Et ne respires-tu pas de suaves parfums ? N'entends-tu pas de folles mélodies ?

Wolfram

Mon cœur palpite d'effroi !

Tannhæuser

C'est la bacchanale des nymphes ! A moi, à moi, la volupté !

Wolfram

O malheur, voici qu'un charme impur s'annonce ! L'enfer s'approche en une course effrénée.

(On aperçoit dans les nuées la danse des nymphes.)

Tannhæuser

Tous les sens sont ravis de voir cette indécise clarté ; car c'est le royaume enchanteur de l'amour. Nous entrons dans le *Vénusberg*.

> (Au milieu des vapeurs rosées apparaît **Vénus,** étendue sur sa couche.)

Vénus

Sois le bienvenu, ô amant infidèle ! Le mépris et le ban te chassent-ils du monde ? Et ne trouvant nulle pitié, cherches-tu enfin l'amour dans mes bras ?

Tannhæuser

O belle et miséricordieuse Vénus ! C'est vers toi que je viens, c'est toi que je désire !

Wolfram

Arrière, arrière, charme infernal ! Ne viens pas captiver l'esprit du pur chrétien !

Vénus

Puisque tu t'approches à nouveau du seuil de ma demeure, que ton orgueil te soit pardonné ; pour toi coulera éternellement la source de la volupté et tu ne me quitteras plus jamais !

Tannhæuser

Ah! j'ai perdu mon salut, mon salut! Eh bien! je m'abandonne aux plaisirs de l'enfer!

Wolfram (le retenant avec vigueur).

O Tout-Puissant! viens en aide à l'âme pieuse! Henri, — un mot peut te délivrer encore. — Songe à ton salut!

Vénus

Oh! viens! Sois donc à moi pour l'éternité!

Tannhæuser (à **Wolfram**).

Laisse-moi!

Wolfram

Malgré ton crime tu peux encore être sauvé!

Tannhæuser

Jamais, Wolfram, jamais! Il faut que je la suive!

Wolfram

Un ange a prié pour toi ici-bas, — qui bientôt planera sur toi et te bénira. Élisabeth!

Tannhæuser (qui s'est arraché des mains de **Wolfram**, reste cloué sur place, comme frappé d'un coup violent.)

Élisabeth !

> (Les nuages s'assombrissent peu à peu ; à travers les nuages on voit briller l'aurore sur les hauteurs de la Wartburg ; on entend venir également de la Wartburg les lents tintements d'un glas funèbre.)

Chant d'Hommes (des hauteurs de l'arrière-scène).

Salut à l'âme qui s'est envolée du corps de la pieuse martyre !

Wolfram (entendant les premiers échos du chant.)

Ton ange prie pour toi près du trône de Dieu ! Sa prière sera exaucée ! Henri, tu es sauvé !

Vénus

Malheur à moi ! Je suis perdue !

> (Elle disparait et avec elle toute l'apparition magique. L'aurore éclaire la scène. On entend venir de la Wartburg le chant des pèlerins.)

Chant d'Hommes

Elle a reçu la couronne des anges et la béatitude céleste.

Wolfram (soutenant **Tannhæuser**).

Entends-tu ce chant ?

Tannhæuser

Je l'entends !

(Les vieux pèlerins arrivent sur la scène, suivis de nobles Thuringiens portant le cadavre d'**Élisabeth**, éclairé par des torches. **Le Landgrave,** les Comtes et les Chanteurs accompagnent la bière.)

Chant d'Hommes

Sainte est la vierge pure ! Unie aux divines chories, elle est auprès de l'Éternel ! Bienheureux le pécheur pour qui elle a pleuré, et pour qui elle implore la grâce du ciel !

(On dépose la bière au milieu de la scène. **Wolfram** conduit **Tannhæuser** près d'**Élisabeth**.)

Tannhæuser (glissant des bras de **Wolfram** lentement sur le sol).

Sainte Élisabeth, priez pour moi !

(Il tombe mort.)

Les jeunes Pèlerins (élevant au milieu d'eux un bâton reverdi, envahissent l'avant-scène par la droite, tandis que le soleil s'étend lentement sur la vallée. Ils sont tous parés de branches vertes.)

Le salut ! le salut ! Voilà le prodige du salut !

Le Seigneur a racheté le monde. A un instant sacré de la nuit, il s'est révélé par un nouveau miracle : il a fait, dans la main du prêtre, reverdir la crosse desséchée ; ainsi le salut va refleurir au pécheur brûlant des flammes infernales. Proclamez-le partout, afin qu'il apprenne sa grâce. Dieu règne sur le monde et sa miséricorde est infinie ! Alleluia ! alleluia !

> (Les jeunes pèlerins dont quelques-uns ont gravi le sentier de la montagne, remplissent les profondeurs et les hauteurs de la vallée ; de la Wartburg on voit venir à eux le cortège des vieux pèlerins. Le soleil s'est levé derrière l'Hörselberg et étend sa nappe de lumière sur toute la vallée.)

Tous

Le pénitent a reçu le salut de la grâce. Il entrera un jour dans la paix bienheureuse du ciel !

> (Le rideau tombe.)

LOHENGRIN

1847

Conception : été 1841. — Projet du scénario : été 1845. — Partition commencée le 9 septembre 1846, terminée le 28 août 1847. — Première représentation : Weimar, 28 août 1850, sous la direction de Liszt, avec Beck dans le rôle de Lohengrin ; Mme Agathe, dans celui d'Elsa ; Milde, dans celui de Frédéric ; Hœfer, dans celui du Roi. — Première représentation à Leipzig en 1854, à Munich en 1858, à Berlin et à Dresde en 1859. — Première représentation à l'Éden de Paris le 3 mai 1887, à l'Opéra le 16 septembre 1891, avec M. Van Dyck, jouant le rôle de Lohengrin ; Mme Rose Caron, celui d'Elsa ; M. Renaud, celui de Frédéric ; Mme Fiérens, celui d'Ortrud, et M. Delmas, celui du Roi.

PERSONNAGES

Henri l'Oiseleur, roi des Allemands.
Lohengrin.
Elsa de Brabant.
Le duc Gottfried, son frère.
Frédéric de Telramund, comte brabançon.
Ortrud, son épouse.
Le héraut d'armes du roi.
Comtes et seigneurs saxons et thuringiens.
Comtes et seigneurs brabançons.
Dames nobles.
Pages.
Hommes, femmes, valets, servantes.

Anvers. — Première moitié du Xme siècle.

PROLOGUE

Elsa, la fille du duc de Brabant, mort depuis peu, se voit disputer sa couronne et son duché par le comte Telramund, qui l'accuse devant le roi Henri l'Oiseleur d'avoir fait noyer dans un étang son jeune frère Gottfried. Telramund a été trompé par les intrigues de sa femme Ortrud, qui a précipité elle-même le jeune prince au fond des eaux. Celui-ci n'est cependant pas mort : par la puissance du Saint Graal (d'après la légende, vase de cristal miraculeux gardé dans le temple de Monsalvat et contenant le sang du Sauveur) il a été métamorphosé en cygne et sauvé. Et lorsque le roi, pour trancher le différend, ordonne le jugement de Dieu, lorsqu'un chevalier s'ose à combattre pour Elsa contre le brave Telramund, c'est le cygne (Gottfried) qui conduit sur les eaux, dans une nacelle, Lohengrin, envoyé du Graal.

Lohengrin vainc son adversaire et devient l'époux d'Elsa, après lui avoir fait jurer de ne jamais lui demander son nom ni son origine. Mais Elsa, qu'Ortrud a rendue défiante, ne peut contenir sa curiosité et pose la question. Lohengrin doit alors la quitter pour toujours et retourner vers le Graal, qui à nouveau change le cygne en prince. Elsa meurt de douleur et de repentir.

PREMIER ACTE

Une prairie sur les bords de l'Escaut, près d'Anvers.

(Le fleuve, vers le fond, fait un coude, de sorte qu'à droite sa vue est cachée aux regards par quelques arbres et qu'on ne le revoit que fort loin. A l'avant-scène, le **Roi Henri** est assis sous un puissant et antique chêne; tout près de lui se tiennent les comtes saxons et thuringiens, les nobles et les reîtres qui forment le ban du roi. En face les comtes et seigneurs, les cavaliers et le peuple de Brabant, à la tête desquels se trouve **Frédéric de Telramund**, ayant à ses côtés **Ortrud.**
Des hommes et des varlets occupent tout le fond de la scène. Le milieu représente un cercle ouvert. Le héraut d'armes du roi et quatre trompettes s'avancent au milieu. Les trompettes sonnent l'appel du roi.)

PREMIÈRE SCÈNE

Le Héraut d'armes

Écoutez, Comtes et nobles Seigneurs de Brabant. Henri, le roi des Allemands, est venu en ces lieux, pour vous convoquer selon les lois de l'Empire. Voulez-vous en paix obéir à la loi ?

Les Brabançons

Nous obéirons en paix à la loi. Bienvenu, sois le bienvenu, ô Roi, dans le Brabant !

Le Roi Henri (se levant de son siège).

Que Dieu vous bénisse, mes chers Brabançons ! Je ne suis pas en vain accouru parmi vous. Je viens vous faire part de notre détresse. Vous savez quels malheurs ont vers l'Est fondu si souvent sur le pays allemand ? Jusqu'aux extrêmes frontières vous ordonniez aux femmes et aux enfants cette prière : Seigneur Dieu, préservez-nous des féroces Hongrois ! Il convenait donc qu'en chef de cet Empire je misse fin à une telle honte. Je les vainquis et pour prix de la victoire, j'obtins d'eux la trêve de 9 ans. Je l'utilisai à protéger l'Empire : je fis bâtir des places fortes et élever des « burgs », et j'exerçai nos troupes aux armes. La trêve est sur sa fin, le tribut nous est refusé, — l'ennemi s'arme avec rage et nous menace. Il est temps enfin de défendre l'honneur de l'Empire ; à l'est, à l'ouest, peu doit nous importer ! Que tout ce qui s'appelle pays allemand rassemble ses armées, et nul ne méprisera plus alors l'Empire d'Allemagne !

Les Saxons et les Thuringiens (frappant sur leurs armes)

Allons ! Et que Dieu soit avec nous pour l'honneur de l'Empire !

Le Roi (après s'être rassis).

En venant donc à vous, Brabançons, pour vous convoquer au ban de Mayence, quel n'est pas mon amer chagrin de voir que vous vivez en discorde et sans prince ! Je n'apprends ici que troubles et sauvages querelles.

Toi, Frédéric de Telramund, que je connais comme le modèle de toutes les vertus, parle, afin que je sache le sujet de vos tourments.

Frédéric

Merci, ô Roi, d'être venu pour tenir ici cour de justice ! Je vais te dire la vérité : aussi bien l'infidélité m'est étrangère. Le duc de Brabant est mort en confiant à ma protection ses enfants, Elsa, la jeune fille, et Gottfried, le garçon. Je prenais un soin fidèle de la jeunesse de ce noble fils : sa vie était le joyau de mon honneur. Juge donc, ô Roi, quelle fut mon atroce douleur, lorsque ce joyau me fut ravi. Se promenant un jour, Elsa conduisit Gottfried dans la forêt, mais elle revint sans lui. Alors, feignant l'inquiétude, elle s'enquit de son frère ; elle s'était, disait-elle, égarée de lui par hasard et n'avait bientôt plus reconnu ses traces. Tous nos efforts furent vains pour retrouver l'enfant perdu. Mais lorsque enfin je pressai et menaçai Elsa, elle pâlit, et son effroi trahit à mes yeux son horrible forfait. Je me sentis dès lors saisi d'horreur devant cette fille et renonçai sur l'heure et de bon gré au droit sur sa main que me donna son père. Je pris une femme qui plût à mon cœur, Ortrud, du sang de Ratbod, le prince des Frisons.

(**Ortrud** s'incline devant le roi).

Et maintenant j'accuse Elsa de Brabant de fratricide, et je soutiendrai mon accusation. Quant à ce pays, je me l'arroge à bon droit, parce que je suis le plus proche parent du duc, et qu'en outre ma femme appartient à la famille qui donnait jadis ses princes au Brabant. Tu entends mon accusation, ô Roi ! Juge bien !

Tous les Hommes (saisis d'une tragique horreur).

Ah ! de quel crime affreux l'accuse Telramund ! Je me sens frémir à cette nouvelle !

Le Roi

Quelle terrible accusation tu portes là ! Comment se pourrait un si grand crime ?

Frédéric

Seigneur, cette fille frivole que repoussa ma

fière main est une somnambule, et je l'accuse encore de liaison clandestine. Elle se berçait de l'illusion que, son frère une fois disparu, elle-même, devenue duchesse de Brabant, pourrait en toute justice refuser sa main à son vassal pour entretenir aux yeux de tous son secret amant.

Le Roi

Appelez l'accusée ! — Que la cour de justice commence, et que Dieu me donne la sagesse !

(Il suspend solennellement son bouclier au chêne. Les Saxons et les Thuringiens plantent en terre leur épée nue ; les Brabançons déposent leurs armes devant eux.)

Le Héraut d'armes (s'avançant au milieu d'eux)

Doit-on tenir ici cour de justice, selon le droit tout-puissant !

Le Roi

Mon bouclier ne me protégera plus, jusqu'à ce que j'aie jugé avec équité et clémence.

Tous les Hommes

Notre épée ne rentrera pas en son fourreau avant qu'un juste arrêt ne soit rendu.

Le Héraut d'armes

En ces lieux où vous gardez le bouclier royal, venez entendre la justice proclamer le droit ! Aussi je crie haut et clair : qu'Elsa paraisse ici sur-le-champ !

DEUXIÈME SCÈNE

Elsa s'avance, revêtue d'une robe blanche très simple ; le long cortège de ses suivantes, habillées comme elle, la suit. Les suivantes restent debout dans le fond et ferment le cercle, tandis qu'**Elsa** marche avec lenteur et timidité vers le milieu de l'avant-scène.

Les Hommes

Voyez venir là-bas celle qu'on accuse avec tant de rigueur. Ah ! comme elle semble pure et sereine ! Celui qui osa la charger d'un si grand crime doit être bien sûr de sa faute.

Le Roi

Est-ce toi, Elsa de Brabant ?

(**Elsa** fait un signe affirmatif.)

Me reconnais-tu pour ton juge ?

(**Elsa** fixe le roi et fait un nouveau signe affirmatif)

Je vais t'interroger. Connais-tu la grave accusation que l'on a portée contre toi?

(**Elsa** considère **Frédéric** en frémissant, détourne timidement la tête, et avec tristesse fait encore un signe affirmatif).

Le Roi

Qu'as-tu à répondre à cette accusation?

Elsa (par un signe)

Rien.

Le Roi

Tu reconnais donc ta faute?

Elsa (après avoir longtemps en silence regardé devant elle)

Mon pauvre frère!

Tous les Hommes (chuchotant)

Quelle curieuse et étonnante attitude?

Le Roi

Dis, Elsa, as-tu quelque chose à me confier?

(Long silence.)

Elsa (paisible et radieuse, les yeux fixés droit devant elle).

Seule en des jours de deuil, j'ai élevé vers Dieu d'ardentes prières, où mon cœur exhalait l'immensité de sa douleur. Et au milieu de mes gémissements je poussai un cri si désespéré qu'il s'envola en ondes puissantes dans l'infini des airs. Je l'entendis retentir au loin, jusqu'à ce que l'écho en vint mourir à mon oreille; alors mon œil se ferma et je m'ensevelis dans un doux sommeil. —

Tous les Hommes (bas)

Quelle chose extraordinaire ! Rêve-t-elle ? Ou tombe-t-elle en extase ?

Le Roi

Elsa, défends-toi devant la justice !

Elsa (qui a conservé la même contenance que tout à l'heure)

Dans la splendeur d'une armure éclatante, un chevalier s'avança vers moi; jamais je n'en vis d'une vertu si belle. Un cor d'or à la ceinture, appuyé sur son épée, ce vaillant héros vint à moi à travers les airs et me consola par de chastes paroles. Je veux garder ce chevalier, il sera mon champion.

Le Roi et tous les Hommes (avec émotion)

Que la grâce du ciel nous protège, afin que nous voyions quel est ici le coupable !

Le Roi

Frédéric, homme d'honneur, considère bien qui tu accuses ?

Frédéric

Son esprit songeur ne saurait m'abuser ; vous entendez, elle rêve d'un amant ! Pour ce dont je l'incrimine, j'en ai la preuve certaine, et son forfait me fut clairement démontré. Mais il messiérait à ma fierté de lever vos doutes par un témoignage. Me voici, et voici mon épée ! Qui parmi vous ose combattre et me disputer le prix de mon honneur ?

Les Seigneurs Brabançons

Nul d'entre nous ! Notre épée ne défend que toi seul !

Frédéric

Et toi, roi Henri, te souviens-tu de mes services, lorsque j'abattais dans les combats le sauvage Danois ?

Le Roi

Quels ravages tu faisais parmi eux, j'ai permis que tu me le rappelles. Je t'accorde volontiers le prix de toutes les vertus et sous nulle autre protection que sous la tienne je ne voudrais voir ce pays. — Mais Dieu seul va décider en cette affaire.

Tous les Hommes

Au jugement de Dieu ! Au jugement de Dieu ! Allons !

Le roi (tire son épée et la plante solennellement devant lui).

Toi, Frédéric, comte de Telramund, je t'interroge. Veux-tu en combattant à vie et à mort soutenir ton accusation dans le jugement de Dieu ?

Frédéric

Oui.

Le Roi

Toi, maintenant, Elsa de Brabant, je t'interroge. Veux-tu qu'ici, en un combat à vie et à mort, un champion te défende dans le jugement de Dieu ?

Elsa

Oui.

Le Roi

Qui choisis-tu pour ton défenseur?

Frédéric

Écoutez à présent le nom de son amant!

Les Nobles Brabançons

Prêtez l'oreille!

Elsa

Je veux garder mon chevalier, il sera mon champion! — Écoutez ce que j'offre à l'envoyé du Ciel : — Dans le pays de mon père, il aura la couronne et je m'estimerai heureuse s'il accepte mon bien ; — puis s'il veut encore m'appeler son épouse, je me donnerai à lui tout entière.

Les Hommes

Ce serait là un noble prix, s'il était entre les mains de Dieu! Qui combattra pour l'obtenir s'engagera terriblement.

Le Roi

Vers midi plane déjà le soleil : il est donc temps que l'appel retentisse!

> (Le héraut d'armes s'avance suivi des quatre trompettes qu'il fait mettre aux extrémités

de l'assemblée. Chacun d'eux est tourné vers l'un des points cardinaux et sonne ainsi l'appel du roi.)

Le Héraut d'armes

Qu'il s'avance celui qui est ici venu pour défendre Elsa de Brabant dans le jugement de Dieu !

(Long silence.)

Tous les Hommes

L'appel n'a trouvé nul écho ; c'en est fait de sa cause !

Frédéric (faisant remarquer l'inquiétude d'**Elsa**).

Voyez si je l'ai faussement calomniée ! C'est de mon côté que reste le droit !

Elsa (s'avançant plus près du roi).

Mon Roi bien-aimé, je t'en supplie, encore un appel à mon chevalier ! Sans doute il est loin et ne l'a pas entendu.

Le Roi (au héraut d'armes).

Appelle une fois encore au jugement de Dieu !

(Les trompettes sonnent de nouveau comme précédemment ; le héraut répète l'appel. Un long et fiévreux silence y succède.)

Le Héraut d'armes

Qu'il s'avance celui qui est ici venu pour défendre Elsa de Brabant dans le jugement de Dieu !

Tous les Hommes

Dieu la juge en gardant le silence.

Elsa (tombant à genoux).

Tu portas à lui mes plaintes, et sur ton ordre il vint vers moi. O Seigneur, dis à mon chevalier qu'il me seconde en ma détresse ! Fais que je le voie comme je le vis, et qu'à cette heure, comme alors, il soit près de moi.

Les Femmes

Seigneur, secourez-la ! Seigneur Dieu, écoutez-nous !

(Debout sur une éminence, les hommes les plus rapprochés du rivage aperçoivent dans le lointain une nacelle tirée par un cygne, qui s'avance sur le fleuve ; dans la nacelle, un chevalier se tient debout.)

Les hommes (d'abord en petit nombre, puis toujours de plus en plus nombreux, suivant qu'ils sont près du rivage ou s'en rapprochent peu à peu).

Voyez ! voyez ! Quel étrange prodige ! Comment ? un cygne mène là-bas une nacelle ! Un chevalier majestueux s'y tient debout ! Comme brille sa riche armure ! Notre œil s'éteint devant tant de splendeur ! Voyez ! il s'approche ! Par une chaîne d'or le cygne le conduit !

> (Tous veulent prendre part à ce spectacle, et, pour accourir vers le rivage, ont quitté l'avant-scène. Seuls sont restés, **le Roi, Frédéric, Ortrud** et **Elsa. Le Roi,** du haut de son siège, observe ce qui se passe; **Frédéric** écoute, étonné; **Ortrud,** sombre et maussade, regarde vers le fond. Enfin, **Elsa,** le visage rayonnant de joie, prête l'oreille aux paroles de la foule, et, comme sous l'empire d'un charme, n'ose regarder autour d'elle. Ses suivantes se mettent à genoux.)

TROISIÈME SCÈNE

(Pendant ce temps le cygne est enfin arrivé sur le bord avec la nacelle. **Lohengrin,** en armure d'argent, le heaume sur la tête, son bouclier derrière lui, un petit cor en or à ses côtés, s'y tient appuyé sur son épée.)

Tous les hommes (se retournant vers l'avant-scène, transportés et émerveillés).

Un prodige ! un prodige ! un prodige est venu ! Un prodige inouï, tel qu'on n'en vit jamais ! Salut ! Salut à toi, héros envoyé de Dieu !

> (**Elsa** s'est retournée, et, à la vue de **Lohengrin,** a poussé un cri de ravissement. **Frédéric** considère **Lohengrin** en si-

lence. **Ortrud** qui, pendant que se formait la cour de justice, avait gardé une attitude froide et hautaine, est saisie d'une frayeur mortelle en voyant **Lohengrin** et le cygne, et fixe ses regards sur l'arrivant.)
(Lorsque **Lohengrin** semble quitter sa nacelle, les acclamations du peuple font place à un fiévreux silence.)

Les Femmes

Grâces te soient rendues, Seigneur Dieu, toi qui protèges la faiblesse !

Lohengrin (un pied encore dans la nacelle, et s'inclinant devant le cygne)

Merci maintenant, mon cygne bien-aimé ! Pars, en remontant ces ondes, vers le pays lointain d'où me mena ta nacelle ! Retourne à notre royaume de félicité ! Et pour cela remplis bien ton office ! Adieu, adieu, mon cygne bien-aimé !

(Le cygne tourne la nacelle et remonte le fleuve ; **Lohengrin** le suit quelques instants d'un œil mélancolique.)

Les Hommes et les Femmes (émus et chuchotant entre eux)

Quel doux frisson de bonheur nous saisit ! Quelle aimable puissance nous enchante ! Qu'il est beau et majestueux à contempler, celui qu'un miracle amena parmi nous !

Lohengrin (s'est avancé lentement et solennellement vers l'avant-scène, où il vient s'incliner devant le roi).

Salut à toi, Roi Henri ! Que Dieu donne la victoire à ton épée ! Ton nom glorieux et auguste ne s'évanouira jamais de ce monde !

Le Roi

Sois remercié ! Dis, si je reconnais bien la puissance qui t'a conduit ici, tu viens vers nous comme envoyé de Dieu !

Lohengrin (faisant quelques pas vers le milieu de la scène).

Pour défendre au combat une jeune fille accablée d'une grave accusation, je suis envoyé près de vous. Mais permettez que je voie si je la reconnais. — Parle donc, Elsa de Brabant ! Si je suis choisi pour ton chevalier, veux-tu sans crainte ni terreur te confier à ma protection ?

Elsa (qui, depuis qu'elle a aperçu **Lohengrin,** est restée sans mouvement, comme captivée par un aimable charme, et a fixé ses yeux sur lui, tombe à ses pieds, éveillée par ses paroles et à demi défaillante d'extase).

Mon Héros ! mon Sauveur ! Oh ! prends ma vie ! Je me donne à toi tout entière !

Lohengrin

Si dans le combat je triomphe pour toi, veux-tu que je sois ton époux ?

Elsa

Comme me voici à tes pieds, je m'abandonne à toi corps et âme.

Lohengrin

Elsa, si je dois m'appeler ton époux, si je dois protéger ton pays et ton peuple, si rien ne doit plus me séparer de toi, fais-moi donc cet unique serment : — de ne m'interroger jamais, ni te soucier de savoir d'où je viens, et quel est mon nom et ma nature !

Elsa

Jamais, Seigneur, cette question ne viendra sur mes lèvres.

Lohengrin

Elsa, as-tu bien compris mes paroles ? Tu ne me dois interroger jamais, ni te soucier de savoir d'où je viens, et quel est mon nom et ma nature.

Elsa (levant de tendres regards vers lui).

O mon Protecteur ! O mon Ange ! O mon Sauveur, toi qui crois fermement à mon innocence, pourrait-il donc y avoir un doute plus coupable que celui de ne pas avoir foi en toi ? Comme tu me protèges en ma détresse, j'obéirai fidèlement à tes ordres.

Lohengrin (ému et ravi, la presse contre son cœur).

Elsa, je t'aime !

Le Roi, les Hommes et les Femmes (d'une voix basse et tremblante).

Quelle gracieuse merveille faut-il que je voie ? Est-ce un charme qui me captive ? Je sens mon cœur défaillir en contemplant ce héros, si plein de volupté.

Lohengrin (après avoir remis **Elsa** à la garde du roi, s'avance avec majesté au milieu de la foule).

Maintenant, écoute, peuple ; entendez, nobles, ce que je vous annonce ! Pure de tout crime est Elsa de Brabant ! Ton accusation est fausse, comte de Telramund : le jugement de Dieu te l'apprendra tout à l'heure !

Les Nobles Brabançons (d'abord quelques-uns, puis de plus en plus nombreux, bas à **Frédéric**).

Renonce au combat ! L'oserais-tu, que jamais tu ne pourrais vaincre ! S'il est protégé par une puissance céleste, dis, à quoi te servira ta valeureuse épée ? Nous te conseillons en amis fidèles ; la défaite t'attend avec le repentir amer !

Frédéric (qui jusqu'ici a dirigé ses regards fixes et scrutateurs vers **Lohengrin**, semble livré à un combat intérieur. Il hésite d'abord, et enfin se décide).

Plutôt la mort que la lâcheté ! — Quels que

soient les charmes qui t'ont ici conduit, étranger de si audacieuse apparence, tes hautaines menaces ne sauraient m'émouvoir, parce que je ne mentis jamais. Aussi j'accepte avec toi de combattre, et j'espère te vaincre, selon le droit.

Lohengrin

Ordonne maintenant, ô Roi, notre combat.

Le Roi

Avancez par trois pour chaque champion et mesurez bien le cercle de la lutte !

> (Trois Nobles Saxons s'avancent pour **Lohengrin** et trois Nobles Brabançons pour **Frédéric** ; ils mesurent d'un pas solennel le champ du combat et le tracent avec leurs épées.)

Le Héraut d'armes

A présent entendez, vous tous, et prêtez une oreille attentive à mes paroles ! Le duel qui va s'ouvrir, nul ne doit le troubler ; restez éloignés de la lice, car celui qui ne respectera pas le droit de la paix sera puni ! L'homme libre le paiera de sa main et le varlet de sa tête !

Les hommes

L'homme libre le paiera de sa main et le varlet de sa tête !

Le Héraut d'armes (à **Lohengrin** et **Frédéric**)

Et vous, adversaires, qui comparaissez devant la justice, écoutez aussi! Observez fidèlement les lois du combat! Laissez à celui-ci son caractère et ne le dénaturez pas par les malignes ruses de quelque charme trompeur! Dieu vous juge selon le droit et en toute justice! Ne vous fiez qu'à lui et nullement à votre vaillance !

Le Roi (après s'être majestueusement avancé au milieu de la foule).

Mon Seigneur et mon Dieu, je t'invoque à cette heure pour que tu sois présent au combat! Par l'épée triomphante prononce une sentence qui nous montre où est le mensonge et où la vérité! Donne au bras de l'homme pur une force héroïque, et que la vigueur soit ravie à celui du pervers! Assiste-nous à cette heure, ô mon Dieu, parce que notre sagesse n'est que sottise!

Elsa et Lohengrin

Tu vas maintenant rendre ton jugement, ô mon Seigneur et mon Dieu : aussi je ne saurais perdre courage.

Frédéric

Je vais en chevalier fidèle devant ton tribunal, Seigneur Dieu! Oh! ne m'abandonne pas au déshonneur!

Ortrud

Je me repose avec confiance en sa valeur, qui dans tous les combats assure sa victoire.

Tous les Hommes

Donne une force héroïque au bras de l'homme pur et ravis sa vigueur à celui du pervers ! Annonce-nous ta sentence, ô notre Seigneur et notre Dieu, et annonce-la sur-le-champ !

>(Sur un signe du héraut, les trompettes sonnent longuement l'appel aux armes. **Le Roi** tire son épée de terre et frappe trois fois avec elle son bouclier suspendu ; au premier coup, **Lohengrin** et **Frédéric** prennent leur position de combat ; au second, ils tirent l'épée et se mettent en garde ; au troisième, ils commencent à combattre. Après plusieurs engagements fougueux, **Lohengrin** étend d'un coup son adversaire.)

Lohengrin (mettant son épée sur la gorge de **Frédéric**).

Par le triomphe de Dieu, ta vie m'appartient à cette heure ! Je t'en fais présent ! Puisses-tu la consacrer au repentir !

>(**Le Roi** conduit **Elsa** à **Lohengrin**. Celle-ci s'affaisse, ravie, contre le cœur du héros. Au moment où **Frédéric** est tombé, les Saxons et les Thuringiens ont tiré leur épée de terre, et les Brabançons ont relevé la leur. Tous les seigneurs et la foule en-

tière envahissent le cercle en poussant des cris de joie. Celui-ci ne tarde pas à se remplir.)

Tous les Hommes

Victoire! Victoire! Salut à toi, Héros!

Elsa

Oh! puissé-je trouver des hymnes d'allégresse qui égalassent ta gloire et qui, dignes de te célébrer, fussent remplies pour toi de sublimes louanges! En toi il me faut disparaître, devant toi m'évanouir! Et puisque maintenant je suis bienheureuse, prends, oh, prends-moi corps et âme!

Lohengrin

Je n'ai remporté la victoire que par ta pureté! Maintenant tu vas avoir de tes douleurs la belle récompense!

Frédéric (étendu à terre, dans d'atroces convulsions).

O malheur! Dieu vient de me frapper et de me vaincre! Je dois désespérer de mon salut. C'en est fait de mon honneur et de ma gloire!

Ortrud (que la chute de **Frédéric** a remplie de rage).

Qui est celui qui l'a abattu et qui m'a rendue

désormais impuissante ? Devrais-je devant lui perdre tout mon courage, et mon espoir serait-il à jamais déçu ?

Le Roi, les Hommes et les Femmes

Résonne, chant de victoire ! Résonne avec éclat à la louange du héros ! Gloire à ton voyage ! Gloire à ta venue ! Salut à ta nature, Protecteur de l'innocence ! C'est pour toi seul que nous chantons ; pour toi seul que nos chants retentissent ! Jamais en ce pays ne reviendra un héros tel que toi !

> (Les Saxons élèvent **Lohengrin** sur un bouclier et les Brabançons **Elsa** sur le bouclier du Roi, après y avoir jeté leurs manteaux; tous deux sont emportés ainsi au milieu des acclamations de tous.)

(Le rideau tombe.)

DEUXIÈME ACTE

Dans le « burg » d'Anvers.

(Au fond et au milieu de la scène, le palais (appartements des chevaliers); sur le devant et à gauche, le « gynécée » (appartements des femmes); à droite, toujours sur le devant, la porte de la cathédrale ; à droite et au fond, la porte de la tour.

Il est nuit; les fenêtres du palais sont vivement éclairées. De l'intérieur descend le son joyeux des cors et des trompettes.

Sur les marches de la cathédrale sont assis **Frédéric** et **Ortrud**, revêtus d'habits de sombre et pauvre apparence. **Ortrud**, les coudes appuyés sur ses genoux, fixe attentivement ses regards sur les fenêtres resplendissantes du palais. **Frédéric** a les yeux dirigés vers la terre. Long et morne silence.)

PREMIÈRE SCÈNE

Frédéric (se levant rapidement).

Relève-toi, compagne de ma honte ! L'aube ne doit plus nous trouver en ces lieux.

Ortrud (sans quitter son attitude).

Je ne puis partir, je suis enchaînée ici-même. De la splendeur de ces fêtes ennemies, laisse-moi aspirer un terrible et mortel poison, qui mette fin à notre honte et à leurs joies.

Frédéric (s'avançant, le regard sombre, au-devant d'**Ortrud**).

O femme exécrable ! Qu'est-ce donc qui m'attache encore à tes pas ? Pourquoi ne te laissé-je point seule, pour m'enfuir au loin, là-bas, là-bas, où ma conscience trouverait le repos. Il a fallu que par toi je perde mon honneur et toute ma gloire. Jamais plus ne me parera la louange, et au lieu d'héroïsme, je n'ai plus que le déshonneur ! L'exil sera mon partage. Mon épée est brisée, mon bouclier rompu, mon foyer maudit ! Maintenant, où que je me dirige, je suis un condamné qu'on fuit. De peur que mon regard ne le déshonore, le bandit m'évitera lui-même. Oh ! plût au Ciel que j'eusse préféré la mort à une telle misère ! J'ai perdu mon honneur ! C'en est fait, c'en est fait à jamais de mon honneur !

(Accablé par sa douleur et son désespoir, il s'affaisse tout à coup. De nouveau, on entend descendre du palais le son des cors et des trompettes.)

Ortrud (toujours dans la même attitude, après un long silence, et sans regarder **Frédéric** qui se relève lentement).

Qu'est-ce qui égare ton âme et lui fait exhaler de si terribles gémissements ?

Frédéric (avec un geste de violence vers **Ortrud**).

C'est qu'on m'ait même ravi le glaive, avec lequel je te tuerais !

Ortrud (paisible et railleuse).

O pacifique comte de Telramund ! pourquoi te méfier ainsi de moi ?

Frédéric

Tu le demandes ? N'est-ce pas ton aveu, ton témoignage qui m'entraînèrent à accuser la vertucuse Elsa ? Ne m'as-tu pas menti en me disant que de ton château sinistre, dans les profondeurs de la forêt, tu l'avais vue perpétrer son crime ? que tu l'avais vue de tes propres yeux précipiter son frère dans l'étang ? N'as-tu pas captivé la fierté de mon âme en me prédisant que bientôt l'antique famille des Radbod allait reverdir et régner dans le Brabant ? Ne m'as-tu pas ainsi amené à refuser la main de la pure Elsa et à t'épouser, parce que tu étais la dernière du sang des Radbod ?

Ortrud (bas).

Ah ! de quelle mortelle douleur tu m'accables ! — (Haut.) Oui, tout cela, je te le dis et je te le prouvai.

Frédéric

Et ne m'as-tu pas fait, moi, dont le nom était honoré entre tous, moi, dont la vie fut un modèle des plus hautes vertus, ne m'as-tu pas fait le honteux complice de ton mensonge ?

Ortrud (avec arrogance).

Qui a menti ?

Frédéric

Toi ! Dieu ne vient-il de me frapper par son jugement !

Ortrud (d'une voix horriblement moqueuse).

Dieu !

Frédéric

Horreur ! Que terriblement ce nom résonne de ta bouche !

Ortrud

Ah ! C'est ta lâcheté seule que tu appelles Dieu ?

Frédéric (avec un geste de colère).

Ortrud !

Ortrud

Tu me menaces, moi, une femme ! O lâche ! que n'as-tu menacé avec la même fureur celui qui t'a jeté dans la misère ! Tu aurais eu la victoire au lieu du déshonneur ! Ah ! celui qui saurait lui résister ne tarderait pas à voir ce vainqueur plus faible qu'un enfant !

Frédéric

Plus grande était sa faiblesse, plus puissante était la force que Dieu lui donnait au combat.

Ortrud

La force de Dieu ! Ah ! ah ! Donne-m'en le pouvoir, et je te montrerai sûrement combien faible est le Dieu qui le protège.

Frédéric (frémissant d'horreur).

O effroyable prophétesse ! Veux-tu donc enchanter encore mon esprit par tes secrets ?

Ortrud (montrant le palais, où les lumières se sont éteintes).

La fête est sur sa fin et nos ennemis se disposent à un long repos. Tiens-toi à mes côtés. Voici l'heure où mon œil prophétique doit t'éclairer.

(Tandis qu'elle parle, **Frédéric,** comme inconsciemment attiré par elle, se rapproche d'**Ortrud** de plus en plus et tend l'oreille vers elle.)

Sais-tu qui est ce héros qu'un cygne en ces lieux amena ?

Frédéric

Non !

Ortrud

Que donnerais-tu pour le savoir ? — Et si je te disais qu'en le forçant à déclarer son nom et sa nature, il perdrait cette puissance qu'à grand'peine un charme lui prête ?

Frédéric

Ah ! alors je comprends sa défense !

Ortrud

Eh bien, écoute. Personne ici n'a le pouvoir de lui arracher son secret, si ce n'est celle à qui il défendit si rigoureusement de le lui demander.

Frédéric

Il faudrait donc inviter Elsa à lui ravir ce secret ?

Ortrud

Ah! comme vite et bien tu saisis mes paroles!

Frédéric

Mais comment y réussir?

Ortrud

Écoute! Avant tout il s'agit de ne point fuir d'ici et d'user pour cela d'habiles stratagèmes! Pour éveiller en son âme un juste soupçon, va vers elle et plains-toi du charme par lequel son chevalier faussa le jugement!

Frédéric (avec une fureur de plus en plus vive).

Ah! Encore des ruses trompeuses et magiques!

Ortrud

Si cela ne réussit pas, il nous reste un moyen, la violence.

Frédéric

La violence!

Ortrud

Je ne suis pas instruite en vain dans l'art de la magie. Aussi, écoute bien ce que je vais te dire.

Tout être qui ne doit sa force qu'à un charme est frappé d'impuissance et se montre tel qu'il est, si on lui ôte le moindre de ses membres.

Frédéric

Ah ! puisses-tu dire vrai ?

Ortrud

Si dans le combat tu lui eusses seulement coupé un doigt ou une partie d'un doigt, ce héros était en ton pouvoir.

Frédéric (hors de lui).

Horreur ! Que me laisses-tu entendre ? Je me croyais frappé par la main de Dieu. — Et maintenant son jugement aurait été faussé par une ruse ? C'est un charme qui m'aurait ravi mon honneur ? Je pourrais racheter ma honte, prouver ma bonne foi ? Je pourrais rompre ce charme et recouvrer mon honneur ? — O femme, que je vois ici dans la nuit devant moi, si tu me trompes une fois encore, malheur, malheur à toi !

Ortrud

Ah ! quelle rage ! Sois donc paisible et réfléchi, et je t'apprendrai les douces délices de la vengeance.

(**Frédéric** s'assied sur les marches, auprès d'**Ortrud**.)

Ortrud et Frédéric

Jurons maintenant l'œuvre vengeresse du fond obscur de notre cœur. Vous qui dormez ici d'un doux sommeil, sachez que le malheur vous guette!

DEUXIÈME SCÈNE

(**Elsa** est apparue, en habits blancs, sur la terrasse du « gynécée » et se penche maintenant sur la rampe. — **Frédéric** et **Ortrud** sont encore assis sur les marches de la cathédrale, tournant le dos à **Elsa.**)

Elsa (sur la terrasse).

Vous, airs, que si souvent je remplis de mes plaintes amères, laissez-moi vous remercier et vous dire le secret de mon bonheur!

Ortrud (bas).

C'est elle!

Frédéric (bas).

Elsa.

Elsa

Il vous traversa pour venir, conduit dans une

nacelle. Vous avez souri à son voyage et l'avez protégé contre les flots furieux de la mer.

Ortrud

Elle maudira cette heure où mon regard a frappé son visage !

Elsa

Pour essuyer mes pleurs, souvent je recourus à vous ! Apportez maintenant la fraîcheur à mes joues brûlantes d'amour !

Ortrud (à **Frédéric**).

Va-t'en ! Éloigne-toi de moi !

Frédéric

Pourquoi ?

Ortrud

Elle est pour moi, son héros seul t'appartient.

(**Frédéric** s'éloigne vers le fond de la scène.)

Elsa

Apportez maintenant la fraîcheur à mes joues brûlantes d'amour !

Ortrud (restant toujours le dos tourné à la terrasse, d'une voix haute, mais plaintive).

Elsa !

Elsa (après un instant de silence).

Qui m'appelle ? Comme effroyable et plaintif mon nom dans la nuit retentit !

Ortrud

Elsa ! Ma voix t'est-elle si inconnue ? — Renieras-tu complètement la malheureuse que tu envoies en exil ?

Elsa

Ortrud, est-ce toi ? Pourquoi es-tu par ici, malheureuse femme ?

Ortrud

Malheureuse femme ! Ah ! tu as bien raison de m'appeler ainsi ! — Au sein de la forêt solitaire et profonde où je vivais dans la paix et le silence, que t'ai-je donc fait, dis-moi, que t'ai-je fait ? Tandis que mon cœur, ignorant la joie, pleurait le malheur qui frappe depuis longtemps ma famille, que t'ai-je donc fait, dis-moi, que t'ai-je fait ?

Elsa

Pour l'amour de Dieu, pourquoi de telles plaintes ? Suis-je la cause de tes douleurs ?

Ortrud

Comment pouvais-tu vraiment m'envier le bonheur de me voir épouser par un homme que si volontiers tu méprises ?

Elsa

O Dieu de miséricorde, que signifie cela ?

Ortrud

Si un funeste aveuglement le poussa à charger d'un crime ton âme vertueuse, son cœur est maintenant brisé de repentir ; il est condamné à une terrible expiation.

Elsa

O juste Dieu !

Ortrud

Toi, Elsa, tu es bienheureuse. — Après de courtes souffrances, qu'adoucissait encore le sentiment de ta pureté, tu vois à nouveau te sourire la vie. Tu peux en ta félicité te défaire de moi et m'envoyer sur le chemin de la mort, afin que la vue de mon sombre désespoir ne vienne plus jamais troubler tes fêtes.

Elsa

Combien je reconnaîtrais mal ta bonté, ô Tout-Puissant, qui m'a rendu bienheureuse, si je repoussais le malheur qui se traîne devant moi dans la poussière ! Oh ! jamais ! — Ortrud ! attends-moi ! Je vais moi-même t'ouvrir mes portes !

(Elle rentre rapidement dans le « gynécée ».)

Ortrud (se dressant sur les marches dans une furieuse exaltation).

O dieux profanés ! Prêtez maintenant secours à ma vengeance ! Punissez la honte qu'on vous fait ici ! Fortifiez-moi pour servir votre cause sacrée ! Faites évanouir les illusions de ces vils infidèles ! Wodan, toi, Dieu de la force, je t'invoque ! Freia, ô sublime Déesse, écoute-moi ! Bénissez mon imposture et mon hypocrisie, pour que ma vengeance soit heureuse !

(**Elsa** et deux suivantes, portant des flambeaux, apparaissent sur le seuil de la porte inférieure du « gynécée ».)

Elsa

Ortrud, où es-tu ?

Ortrud (se jetant avec humilité aux pieds d'**Elsa**).

Ici, à tes pieds !

Elsa (reculant d'effroi).

O Dieu ! est-ce ainsi qu'il faut que je t'aperçoive, toi que toujours je vis dans les grandeurs et la magnificence ! Mon cœur est près de s'éteindre à te voir si bas devant moi ! Relève-toi ! Oh ! épargne-moi ta prière ! Si tu m'eus en haine, qu'il te soit pardonné, et pardonne-moi en retour, je t'en prie, ce que par moi tu as souffert !

Ortrud

Oh ! merci pour tant de bonté !

Elsa

J'implorerai aussi l'âme miséricordieuse de celui qui demain sera mon époux, afin que grâce soit également donnée à Frédéric.

Ortrud

Tu m'attaches à toi par les liens de la reconnaissance !

Elsa

A l'aube tu t'apprêteras, et, parée d'habits magnifiques, tu m'accompagneras à l'église ; c'est là que j'attendrai mon héros pour devenir devant Dieu son épouse.

Ortrud

Comment puis-je payer tant de faveurs, puisque je suis impuissante et misérable ? Si je dois par pitié habiter près de toi, je resterai toujours ta plus humble servante. Un seul pouvoir m'est donné, que nulle défense ne me saurait ravir ; par lui peut-être je protégerai ta vie et la préserverai du repentir fatal.

Elsa

Que veux-tu dire ?

Ortrud

Je t'avertis de ne pas aveuglément te fier à ton bonheur ; prends garde qu'un malheur ne t'attende, et laisse-moi pour toi lire dans l'avenir.

Elsa

Quel malheur ?

Ortrud

Ah ! puisses-tu comprendre que le chevalier de nature miraculeuse qu'un charme amena près de toi, peut par le même charme te quitter un jour !

Elsa (recule, tremblante, devant **Ortrud,** puis s'en rapproche avec tristesse et compassion).

O malheureuse! tu ne peux mesurer quelle est l'immensité de mon amour! Tu n'as jamais possédé le bonheur que seule la foi nous donne. Viens en mon palais et laisse-moi t'enseigner combien doux est l'éclat de la vertu fidèle! Laisse-toi convertir à la foi! Elle donne un bonheur qui est sans repentir!

Ortrud (à part).

Ah! cet orgueil doit m'apprendre comment je dois combattre leur fidélité; c'est contre lui que je vais retourner mes armes. Que de leur fierté naisse pour eux le repentir!

(**Elsa** conduit **Ortrud** dans le « gynécée »; elles sont précédées des suivantes qui éclairent leur marche. Déjà le jour commence à poindre. **Frédéric** revient vers l'avant-scène.)

Frédéric

Le malheur rentre avec elle en ce palais. — Achève, femme, ce qu'a tramé ton artifice. Je me sens impuissant à suspendre ton œuvre. Ma chute fut le prélude de ce malheur. — Écoutez maintenant, vous qui m'avez précipité si bas! Je n'ai plus désormais qu'un but : mort à celui qui m'a ravi mon honneur!

TROISIÈME SCÈNE

(Le jour achève de paraître. Des guetteurs sonnent le réveil, auquel on répond d'une tour éloignée. — Des varlets s'avancent, sortant de l'intérieur de la tour; ils nettoient des cruches à une fontaine et les portent au palais. Les guetteurs ouvrent la porte de la tour. — Puis quatre trompettes sortent du palais, sonnent l'appel du roi et se retirent.
Cependant, **Frédéric** s'est caché près de l'église, derrière un encorbellement. — De la cour du « burg » et par la porte de la tour, des seigneurs et des hommes Brabançons arrivent devant l'église, toujours plus nombreux; ils se saluent avec joie et animation.)

Les Nobles et les Hommes

L'appel du héraut nous rassemble à l'aurore; ce jour sans doute est plein de promesses. Celui qui fit ici de sublimes merveilles va sans doute accomplir quelque nouveau prodige.

> (Le héraut sort du palais avec quatre trompettes et monte avec eux sur l'éminence qui se trouve devant la porte. On sonne à nouveau l'appel du roi; tout le monde se tourne vers le héraut.)

Le Héraut

Je viens vous faire part des ordres et de la volonté du Roi. Écoutez bien ce qu'il vous annonce par ma bouche : Frédéric Telramund est mis au ban de l'empire et exilé, parce qu'il s'est traîtreusement osé dans le jugement de Dieu. Celui qui prendra soin encore de lui, celui qui en fera son compagnon sera, de par la loi, banni comme lui.

Les Hommes

Qu'il soit maudit cet infidèle que la main de Dieu a frappé ! Qu'il soit fui de l'homme vertueux et qu'il ne trouve plus jamais ni sommeil ni repos !

(Nouvel appel des trompettes.)

Le Héraut

Le Roi vous fait savoir encore qu'il investit de la couronne et du pouvoir dans le Brabant l'étranger envoyé de Dieu, qu'Elsa désire comme époux. Mais le héros ne veut pas qu'on l'appelle duc. Vous devez le nommer : Protecteur du Brabant !

Les Hommes

Vive le héros désiré ! Salut à l'envoyé de Dieu ! Nous sommes les fidèles sujets du Protecteur du Brabant.

(Nouvel appel des trompettes.)

Le Héraut

Maintenant, écoutez ce que le Protecteur vous annonce. Avec vous aujourd'hui il va célébrer son hymen ; mais demain il faut que vous veniez armés pour le combat afin de vous joindre en sujets fidèles aux armées du roi. Lui-même ne veut point jouir de la douceur de la paix ; il vous conduira au champ d'honneur et vous assurera de grandes et glorieuses victoires.

Les Hommes (avec enthousiasme).

Allons au combat sans tarder, si l'auguste héros nous conduit ! Celui qui, plein de courage, à ses côtés luttera verra s'ouvrir à lui le riant chemin de la gloire. Il est envoyé par Dieu pour la grandeur du Brabant !

> (Pendant que les hommes enthousiasmés s'entremêlent et que le héraut rentre au palais, quatre seigneurs s'avancent vers l'avant-scène.)

Le premier Seigneur

Eh bien, écoutez : il veut nous entraîner loin de notre pays !

Le second

Contre un ennemi qui jamais ne nous a menacés !

Le troisième

Il ne lui est pas permis d'avoir déjà tant d'audace !

Le quatrième

Qui lui résistera puisqu'il ordonne de partir ?

Frédéric (s'avançant au milieu d'eux et relevant légèrement le masque qui voile son visage).

Moi !

Les quatre Seigneurs

Ah ! Qui donc es-tu ? Frédéric, est-ce bien toi ? Tu oses encore rester en ces lieux et t'offrir en butin au premier varlet venu ?

Frédéric

Dans quelque temps je me risquerai bien davantage ! Et la lumière alors dessillera vos yeux ! Celui qui avec tant d'audace au combat vous appelle, je l'accuse de parjure !

Les quatre Seigneurs

Qu'entends-je ? Infâme, quels sont tes projets ? Homme perdu, l'oreille du peuple entend tes paroles !

(Ils poussent **Frédéric** par côté et le cachent parmi eux par crainte du peuple. Des pages viennent sur la terrasse du « gynécée », descendent vers le palais et interpellent la foule.)

Les Pages

Place à Elsa, notre Dame ! Elle veut à l'autel aller prier Dieu !

(Ils ouvrent un large passage à travers la foule, qui obéit bénévolement, et ils font évacuer les marches de l'église, sur lesquelles ils se placent.)

QUATRIÈME SCÈNE

(Un long cortège, en de riches costumes, passe du « gynécée » sur la terrasse, puis de là descend vers le palais et se dirige de nouveau vers l'avant-scène, pour gagner l'église.)

Les Nobles et les Hommes (pendant l'entrée du cortège).

Que bénis soient les pas de celle qui longtemps souffrit dans l'humilité ! Que Dieu l'accompagne et protège sa marche ! Elle approche, telle qu'un ange, enflammée d'un candide amour ! Salut à toi, Reine des vertus ! Salut, Elsa de Brabant !

(**Elsa,** magnifiquement parée, est entrée avec le cortège ; parmi les femmes qui la suivent et ferment la marche se trouve **Ortrud,** également vêtue de riches habits. Les femmes qui sont près d'elle s'en tiennent à distance, retenant à peine leur horreur et leur dépit. **Ortrud** semble aller seule. Lorsque **Elsa** va mettre le pied sur la première marche de l'église, aux acclamations vibrantes de la foule, **Ortrud** se détache du cortège, court vers **Elsa,** se place vis-à-vis d'elle sur cette marche et la contraint ainsi de reculer devant elle.)

Ortrud

Arrière, Elsa ! Je ne saurais plus longtemps supporter de te suivre comme une servante ! Il faut que partout tu me cèdes le pas, et que devant moi tu t'inclines avec humilité!

Les Pages et les Hommes

Que veut cette femme?

Elsa (vivement effrayée).

O Dieu! que vois-je? Quel brusque changement s'est opéré en toi?

Ortrud

Parce qu'un instant j'oubliai ma dignité, penses-tu que toujours je doive ramper à tes genoux? Je me suis promise de venger mes souffrances, et je veux recevoir enfin ce qui m'est dû.

Elsa

O malheur! Je me laissai égarer par ta fourbe conduite, lorsque cette nuit tu m'approchas en gémissant? Et maintenant, orgueilleuse, tu voudrais sur moi la préséance, toi, l'épouse d'un condamné de Dieu?

Ortrud

Si un faux jugement a banni mon époux, son nom du moins était dans le pays hautement honoré;

on ne le nommait que comme le modèle de toutes les vertus, et on connaissait, on redoutait sa valeureuse épée. Le tien, dis, qui donc ici pourrait le connaître, puisque tu ne saurais nous le nommer toi-même ?

Les Hommes et les Femmes (avec une grande animation).

Que dit-elle ? Ah ! qu'annonce-t-elle ? Elle blasphème ! Gardez-vous contre ses paroles !

Ortrud

Peux-tu nous le nommer, peux-tu nous dire s'il est vraiment d'une noble race, d'où les flots l'amenèrent vers toi, quand et vers quel pays il s'en ira en te quittant ? Ah, non, car ce serait consommer son malheur. Aussi ton prudent héros défend qu'on l'interroge.

Hommes et Femmes

Ah ! dit-elle vrai ? Quelles graves plaintes ! Elle l'insulte ! Cela lui est-il donc permis ?

Elsa (se remettant de son trouble).

O femme médisante et perverse ! Écoute et vois si j'ose te répondre ! La nature de cet homme auguste est si noble et si pure, et son âme si vertueuse, que maudit à jamais sera celui qui doutera de sa mission divine.

Les Hommes

Assurément! Assurément!

Elsa

Mon héros bien-aimé n'a-t-il pas de par Dieu vaincu le tien dans le combat. Et maintenant, vous tous qui êtes ici, dites en toute justice lequel des deux est le plus vertueux?

Les Hommes et les Femmes

Lui seul! Lui seul! Ton héros!

Ortrud

Ah! la vertu de ce héros s'évanouirait bien vite s'il lui fallait dire quel est le charme par lequel il exerce ici une telle puissance! Si tu n'oses pas là-dessus l'interroger, nous croirons tous avec raison que ton âme inquiète hésite à le faire et nous douterons de sa pureté..

Les Femmes (soutenant **Elsa**).

Protégez-la devant cette haineuse sacrilège!

Les Hommes (regardant vers le fond de la scène).

Place! place! Voici le Roi!

CINQUIÈME SCÈNE

(**Le Roi, Lohengrin,** les Comtes et Seigneurs Saxons et Brabançons, en splendides costumes, sortent du palais. **Lohengrin** et **le Roi** s'avancent vivement à travers la foule qui est sur le devant de la scène.)

Les Hommes

Salut! Salut au Roi! Salut au Protecteur du Brabant!

Le Roi

Quelle est cette querelle?

Elsa (se précipitant dans les bras de **Lohengrin**).

O mon Seigneur! O mon Maître!

Lohengrin

Qu'y a-t-il?

Le Roi

Qui ose ici fermer le chemin de l'église?

La Suite du Roi

Quel est ce différend que nous venons d'entendre?

Lohengrin

Que vois-je ?... Cette misérable femme auprès de toi ?

Elsa

O mon Sauveur ! Protège-moi devant cette femme ! Et gronde-moi pour t'avoir désobéi ! Je la vis gémir au seuil de cette porte et l'arrachai à sa misère pour l'accueillir chez moi. Maintenant, regarde quelle terrible récompense a reçu ma bonté ; elle m'outrage et m'accuse de trop me fier à toi !

Lohengrin (lançant un regard de malédiction sur **Ortrud**).

O femme exécrable, ne t'approche point d'elle ! Jamais ici tu ne vaincras. — Dis, Elsa, comment réussit-elle à verser son poison dans ton cœur ?

> (**Elsa** cache son visage éploré contre la poitrine de **Lohengrin.** Celui-ci la console et lui montrant l'église.)

— Viens, et que de joie là-bas coulent tes larmes !

> (Au moment où **Lohengrin** avec **Elsa** s'avance vers l'église, en tête du cortège solennel, **Frédéric** apparaît sur les marches du temple parmi les femmes et les pages qui, en le reconnaissant, reculent d'horreur.)

Frédéric

O Roi ! Et vous, princes qu'on abuse, arrêtez !

Le Roi et les Hommes

Que veut cet homme ? Scélérat, arrière d'ici !

Frédéric

Oh ! écoutez-moi !

Les Hommes

Va-t'en ! ou tu es mort !

Frédéric

Écoutez celui à qui on a fait une injustice cruelle ! Le jugement de Dieu a été faussé et prostitué ! On vous a trompé par les ruses d'un charme !

Les Hommes

Saisissez cet infâme ! Écoutez, il blasphème Dieu !

(Ils marchent sur lui, mais la voix forte et frémissante de **Frédéric** désespéré les arrête, et ils l'écoutent enfin attentivement.)

Frédéric

Celui que devant moi je vois dans la splendeur, je l'accuse de magie. Que, comme une poussière sous le souffle de Dieu, s'évanouisse la puissance qu'il s'est acquise par la ruse ! — Ah, lorsqu'il se présenta pour ce jugement de Dieu, dans lequel il me ravit mon honneur, que mal vous m'avez protégé, en lui épargnant une question, une seule ! Vous ne me défendrez pas enfin de la lui poser moi-même ? — La voici : son nom, ses qualités et sa nature, je les réclame aux yeux de tout le monde.

(Une vive émotion et un grand trouble se manifestent parmi les assistants.)

— Qui est celui qui vint sur les eaux en ce pays, conduit par un cygne sauvage ? Celui qui se sert d'oiseaux enchanteurs n'a de la vertu que l'ombre. Qu'il réponde donc à mon accusation ! S'il le peut, j'ai mérité mon sort. — Sinon, vous verrez ainsi que nous devons douter de sa pureté.

Le Roi et les Hommes

Quelles dures plaintes ! Et que va-t-il lui répondre ?

Lohengrin

Ce n'est pas à toi que j'ai besoin de répondre ici ! Je dois me défendre des doutes du pervers ; jamais devant lui la vertu ne saurait s'évanouir.

Frédéric

Puisque je lui parais indigne, c'est à toi que je fais appel, ô Roi vénéré ! T'accusera-t-il aussi d'indignité et refusera-t-il de te répondre ?

Lohengrin

Oui, devant le Roi lui-même et devant les plus sages de tous les princes, il faut que je me garde. Nul doute ne doit oppresser leur âme, car ils ont vu ma noble action. — Il n'en est qu'une à qui je dois répondre, c'est Elsa !

> (A l'instant même où il se tourne vers **Elsa,** il s'arrête, troublé, car il la voit, le cœur palpitant avec violence, les yeux fixés droit devant elle, et il reconnaît qu'un combat se livre en elle-même.)

Elsa ! — Ah ! je la vois tremblante ! Il faut que je la protège avec vigilance ! La bouche trompeuse de la haine ne l'a-t-elle pas séduite ? Ciel ! préserve-la du danger, afin que jamais le doute ne vienne au cœur de cette vierge pure !

Frédéric et Ortrud

Il faut que je la protège avec vigilance ; le doute germe au fond de son cœur. — Celui qui pour ma misère vint en ce pays est vaincu si elle l'interroge !

Le Roi, les Hommes et les Femmes

Quel est ce secret que garde le héros ? Si cela lui est nécessaire, que sa bouche fidèle le respecte toujours ! Nous préserverons du malheur le noble chevalier : il a par ses exploits dévoilé sa noblesse.

Elsa

Plût au ciel que le secret qu'il cache lui portât malheur pour que sa bouche ici le découvrît à tous. — Malheur à l'ingrate qu'il a sauvée ! Si je l'ai trahi, qu'il l'apprenne à cette heure. — Oh ! puissé-je connaître son sort ! Je voudrais alors garder son secret avec fidélité ; mais le doute me fait frémir jusqu'au tréfonds de l'âme !

Le Roi

Mon héros, réponds fièrement à cet infidèle ! Tu es trop sublime pour t'inquiéter de ses accusations !

Les Hommes (se pressant autour de **Lohengrin**).

Nous sommes avec toi ! Et nous ne nous repentirons pas de t'avoir reconnu comme le prince des héros ! Offre-nous ta main ; nous te croyons fidèle, et quel que soit ton nom ignoré, nous savons qu'il est saint.

Lohengrin

Votre foi, héros, ne vous apportera jamais de repentir, quoique mon nom et ma nature vous restent innommés !

(Tandis que **Lohengrin**, entouré de ses sujets auxquels il serre la main, s'attarde au fond de la scène, **Frédéric** se penche, sans être vu, vers **Elsa.** Celle-ci, que son trouble, son émotion et sa honte ont empêché jusqu'ici de relever les yeux sur **Lohengrin,** est seule à l'avant-scène, toujours en proie à une lutte intérieure.)

Frédéric (secrètement).

Mets en moi ta confiance! Laisse-moi t'enseigner un moyen de savoir la vérité!

Elsa (effrayée, mais bas).

Arrière de moi!

Frédéric

Laisse-moi lui enlever le moindre de ses membres, le bout d'un de ses doigts, et je te jure que tu verras alors ce qu'il te cache; — d'ailleurs il t'est fidèle et ne saurait te quitter.

Elsa

Ah! jamais!

Frédéric

Je serai près de toi cette nuit : — appelle-moi, et vite sans danger la chose sera faite.

Lohengrin (s'avançant rapidement vers l'avant-scène).

Elsa, avec qui parles-tu là ? Arrière d'elle, scélérats !

> (**Elsa** se détourne de **Frédéric**, jette vers **Lohengrin** un regard de désespoir et de douleur et tombe à ses pieds. **Lohengrin**, d'une voix terrible, à **Frédéric** et **Ortrud**.)

Et que jamais plus mon œil ne vous aperçoive près d'elle !

> (**Frédéric** fait un geste de rage.)

Lohengrin

Elsa, relève-toi ! Dans ta main, dans ta fidélité est le gage de tout mon bonheur ! — Est-ce que la force de ton doute t'enlève tout repos ? Veux-tu m'interroger ?

Elsa (vivement émue et toute honteuse).

O mon Sauveur, tu m'as apporté le salut ! O mon Héros, en toi je dois m'évanouir ! Aussi mon amour sera toujours au-dessus du plus puissant des doutes !

> (Elle tombe dans ses bras. L'orgue de l'église résonne et on entend le son des cloches.)

Lohengrin

Salut à toi, Elsa ! Maintenant allons paraître devant Dieu !

Les Hommes et les Femmes (avec enthousiasme).

Voyez! voyez! Il est envoyé de Dieu! Salut à lui! Salut à Elsa de Brabant!

(**Le Roi,** accompagné du cortège solennel, monte les marches de l'église, conduisant **Lohengrin** de la main gauche et **Elsa** de la main droite. Le regard d'**Elsa,** du haut de l'escalier, vient frapper **Ortrud** qui d'en bas tend vers elle une main menaçante; épouvantée, **Elsa** se détourne vers **Lohengrin** et se presse anxieusement contre lui. Lorsque celui-ci conduit sa fiancée dans l'église, le rideau tombe.)

TROISIÈME ACTE

(Dans l'ouverture, l'orchestre nous chante la magnificence et la joie bruyante d'une fête d'hyménée. Lorsque le rideau se lève, la scène représente la chambre nuptiale. Au fond et au milieu, le lit nuptial richement paré ; près d'une fenêtre en saillie, qui est ouverte, un canapé ; au fond encore et des deux côtés, des portes, également ouvertes, conduisent dans l'appartement. Le cortège royal s'avance, au chant de l'épithalame, dans l'ordre suivant : par la porte de droite entrent les femmes conduisant **Elsa** ; par la porte de gauche, les hommes et **le Roi** conduisant **Lohengrin ;** des pages avec des flambeaux les précèdent tous. Lorsque les deux cortèges se rencontrent au milieu de l'appartement, **le Roi** conduit **Lohengrin** à **Elsa**. Ceux-ci s'embrassent et restent debout au milieu de la scène.)

PREMIÈRE SCÈNE

Le chœur des Hommes et des Femmes
(chantant l'épithalame).

Conduits par vos fidèles, entrez dans le sanctuaire de l'amour ! Que le courage de la victoire et le triomphe de votre flamme vous fassent époux unis et bienheureux ! Avance, champion de la vertu ! Avance, fleuron de la jeunesse ! Éclats des fêtes, évanouissez-vous ; extase du cœur, sois-leur donnée ! Que cette chambre parfumée, ornée pour l'amour, vous reçoive et vous ravisse aux splendeurs du monde ! Conduits par vos fidèles, entrez enfin où l'amour vous attend ! Que le courage de la victoire et la candeur de votre flamme vous fassent époux unis et bienheureux !

> (Des pages enlèvent à **Lohengrin** son riche manteau et son épée qu'ils déposent sur le canapé ; les femmes ôtent également à **Elsa** son manteau précieux. Cependant, huit femmes tournent lentement autour de **Lohengrin** et d'**Elsa**.)

Huit femmes

Comme Dieu vous consacra à la félicité, nous vous consacrons aussi à la volupté ! Dans les bras de l'amour, rappelez-vous longtemps l'heure présente !

> (**Le Roi** embrasse **Lohengrin** et **Elsa**. Les pages donnent le signal du départ. Les cortèges s'avancent deux à deux, de façon que les hommes sortent par la porte de droite et les femmes par celle de gauche.

Chœur des Hommes et des Femmes (chantant l'épithalame en s'éloignant).

Gardés par vos fidèles, restez dans le sanctuaire de l'amour ! Que le courage de la victoire, l'amour et le bonheur vous fassent époux unis et bienheureux ! Reste en ces lieux, champion de la vertu !

Reste en ces lieux, fleuron de la jeunesse ! Éclats des fêtes, évanouissez-vous ! Extase du cœur, sois-leur donnée ! Cette chambre parfumée, ornée pour l'amour, vous a reçus enfin et ravis aux splendeurs du monde. Gardés par vos fidèles, restez dans le sanctuaire de l'amour ! Que le courage de la victoire, l'amour et le bonheur vous fassent époux unis et bienheureux !

> (Le chœur sort. Lorsque tous ont quitté la chambre nuptiale, on ferme les portes par derrière. On entend quelques instants l'épithalame résonner au loin.)

DEUXIÈME SCÈNE

(**Elsa,** défaillante de bonheur, est tombée dans les bras de **Lohengrin.** Celui-ci la conduit alors doucement vers le canapé, sur lequel tous deux, enlacés, se laissent choir.)

LOHENGRIN, ELSA

Lohengrin

Le doux chant s'éteint, nous voilà seuls, seuls pour la première fois depuis que nous nous vîmes. Nous sommes maintenant ravis au monde ; nul ne saurait plus épier l'épanchement de nos cœurs. — Elsa, mon épouse ! Toi, ma douce et pure fiancée, dis-moi en ce moment si tu es heureuse !

Elsa

Comment pourrais-je ne me dire qu'heureuse quand je ressens l'extase des élus ! Tandis que je sens mon cœur brûler pour toi d'une flamme si douce, je respire des voluptés que Dieu seul nous peut donner.

Lohengrin

En te disant heureuse, ô ma Bien Aimée, tu me donnes aussi la béatitude du ciel ! Tandis que je sens mon cœur brûler pour toi d'une flamme si douce, je respire des voluptés que Dieu seul nous peut donner. Oh ! que je reconnais sublime l'essence de notre amour ! Nous qui ne nous étions jamais vus, nous nous sommes devinés. Quand je fus choisi pour ton chevalier, c'est l'amour qui vers toi me montra le chemin. Tes yeux me dirent ton innocence et ton regard me fit le serviteur de ta grâce.

Elsa

Moi, cependant, je t'avais déjà vu : dans un rêve bienheureux, tu m'étais apparu. Et lorsque, éveillée, je te vis devant moi, je reconnus que tu venais sur les conseils de Dieu. Alors j'aurais voulu me fondre devant ton regard et t'enlacer comme un ruisseau, ou bien être une fleur odorante des prés et me courber ravie sous tes pas. N'est-ce là que de l'amour ? Mais ce mot, d'une volupté si ineffable, comment puis-je le dire? Comment, hélas! dois-je dire ce nom, que j'ignorerai toujours, et par lequel je voudrais nommer ce que j'ai de plus cher au monde, sans le pouvoir jamais!

Lohengrin (tendrement).

Elsa!

Elsa

Avec quelle douceur mon nom glisse de tes lèvres! Ne m'accorderas-tu donc pas de connaître l'aimable son du tien? Quand tu m'auras enfin accompagnée dans le paisible sanctuaire de l'amour, tu permettras que ma bouche le dise.

Lohengrin

Ma douce femme!

Elsa

Quand nous serons seuls, que nul ne veillera. Jamais il n'ira aux oreilles du monde.

Lohengrin (l'embrassant avec tendresse et lui montrant le jardin par la fenêtre.)

N'aspires-tu pas avec moi ces suaves parfums? Oh! qu'agréablement ils ravissent les sens! A travers les airs ils viennent à nous mystérieusement,

— et muet, je m'abandonne à leur charme. — Et ce charme est aussi celui qui m'unit à toi, lorsque, ô ma Douce, je te vis là pour la première fois. Nul besoin de savoir quel était ton visage : mes yeux te virent et mon cœur te sentit en ces lieux. Comme ces parfums qui viennent vers moi du sein de la nuit mystérieuse me captivent les sens, ainsi ta pureté devait me ravir, te trouvais-je même sous le soupçon d'un horrible crime !

Elsa

Ah ! puissé-je paraître digne de toi, et ne pas seulement m'effacer devant toi ; puissé-je mériter un tel hymen, et plût au ciel que pour toi je souffrisse ! Comme tu me trouvas sous le coup d'une terrible accusation, oh ! que ne puis-je aussi te voir dans la détresse et sentir mon cœur meurtri pour toi de chagrin ; que ne puis-je te savoir menacé d'une grande douleur, afin de te montrer ma longanimité dans la souffrance ! — Ton secret est-il donc tel que ta bouche à tous le doive cacher ? Le malheur te frapperait peut-être, si tu le révélais au monde ? Oh ! s'il en était ainsi et que je dusse le connaître, si je devais le voir en ma puissance, les menaces d'aucun ne me le raviraient, et j'irais à la mort pour toi !

Lohengrin

Ma bien-aimée !

Elsa

Oh! rends-moi la fierté avec ta confiance, afin que je ne m'anéantisse pas en mon indignité! Fais-moi connaître ton secret, pour que je voie réellement qui tu es!

Lohengrin

Ah! silence, Elsa!

Elsa

Découvre à ma fidélité la valeur de ta noblesse! D'où tu viens, dis-le moi sans remords! Et que de ma bouche jamais ne sorte ce secret!

Lohengrin (avec gravité).

Tu me dois déjà la plus haute confiance pour avoir prêté foi à tes serments, et si tu ne désobéis jamais à ma défense je t'estimerai la plus digne des femmes!
(Il attire doucement **Elsa** sur sa poitrine.)

— Viens dans mes bras, toi Douce et Pure, viens sur mon cœur embrasé d'amour; que tes yeux m'éclairent de leurs doux rayons, tes yeux en qui je vis la plénitude de la félicité! Permets que j'aspire ton haleine avec ravissement! Laisse, oh! laisse-moi ardemment te presser contre moi, afin qu'en toi je trouve mon bonheur! Ton amour me récompensera bien au-delà de ce que pour toi je perdis et nulle destinée dans les mondes éloignés de Dieu ne sera plus noble que la mienne ! Le Roi m'offrît-il sa couronne, je pourrais à bon droit la refuser. Le seul bien que je veux en retour de mon sacrifice, je le trouverai en ton amour ! Aussi, garde-toi de douter jamais de moi et que ta foi soit mon noble gage, car je ne viens pas du pays de la nuit et de la douleur, mais du monde de la lumière et de la volupté.

Elsa

O Dieu ! que me faut-il entendre et quel aveu est tombé de tes lèvres ! Tu voulais m'enchanter, et maintenant tu exhales tes regrets ! Le sort auquel tu t'es arraché était ton suprême bonheur ; tu as quitté, pour venir à moi, le pays de la volupté, et tu le regrettes ! Comment pourrais-je croire, ô malheureux, que ma fidélité te puisse suffire ! Un jour viendra où tu te repentiras de ton amour et me seras ravi !

Lohengrin

Cesse de t'inquiéter ainsi !

Elsa

Pourquoi m'affliges-tu toi-même ? Dois-je donc compter les jours où tu me restes encore ? Désespérant de te garder près de moi, je verrai se flétrir mes joues, puis tu me quitteras, me laissant ici dans la misère !

Lohengrin

Jamais tes charmes ne sauraient se flétrir, si le doute ne naît en ton cœur.

Elsa

Hélas ! Comment aurais-je le pouvoir de te lier à moi ? La magie est ta nature et un charme ici t'amena. — Comment apaiser mes alarmes ? Où trouver un gage de ta foi ?

(Se dressant de frayeur et d'émotion, et semblant prêter l'oreille.)

— Mais, n'as-tu rien entendu ? N'as-tu perçu nul bruit d'approche ?

Lohengrin

Elsa !

Elsa (fixant ses regards droit devant elle).

Ah ! non ! — Là-bas, là-bas, le cygne, le cygne ! là-bas il revient et nage sur les eaux..... Tu l'appelles, — il conduit la nacelle en ces lieux !

Lohengrin

Elsa, cesse enfin ce rêve insensé !

Elsa

Rien ne pourra me donner le repos, ni m'arracher à ce rêve, si, — dût cela me coûter la mort — je ne sais qui tu es !

Lohengrin

Elsa, qu'oses-tu là ?

Elsa

O malheureux et gracieux époux, écoute ce qu'il faut que je te demande ! Ton nom ! dis-moi quel est ton nom !

Lohengrin

Arrête !

Elsa

D'où viens-tu ?

Lohengrin

Malheur à toi !

Elsa

Quelle est ta nature ?

Lohengrin

Malheur à nous ! Que viens-tu de faire ?

> (**Elsa,** qui se tient devant **Lohengrin,** tournant le dos au fond de la scène, voit par la porte qui est en face d'elle **Frédéric** et les quatre Nobles Brabançons faire irruption dans la chambre, l'épée nue.)

Elsa (après avoir poussé un cri terrible).

Sauve-toi ! Ton épée ! ton épée !

> (Elle a vivement tendu à **Lohengrin** l'épée déposée sur le canapé, de façon que celui-ci puisse la tirer promptement du fourreau. Au moment où **Frédéric** tend le bras vers lui, **Lohengrin** l'étend raide mort d'un seul coup d'épée. Les Nobles Brabançons laissent tomber leur arme de frayeur et se jettent aux pieds de **Lohengrin. Elsa,** qui s'est précipitée dans les bras de **Lohengrin,** s'affaisse peu à peu, défaillante, sur le sol. — Long et anxieux silence.)

Lohengrin

Malheur ! Maintenant, c'en est fait de notre félicité !

> (Il se penche vers **Elsa,** la redresse doucement et la couche sur le canapé.)

Elsa (ouvrant ses yeux humides de larmes).

O Tout-Puissant, aie pitié de moi !

> (Le jour paraît peu à peu ; les candélabres à demi-consumés sont près de s'éteindre. Sur

un signe de **Lohengrin** les quatre Nobles se relèvent.)

Lohengrin

Portez ce mort devant le tribunal du Roi !

(Les nobles prennent le cadavre de **Frédéric** et s'éloignent, en l'emportant, par une porte du fond. **Lohengrin** sonne une clochette. Quatre dames d'honneur arrivent. **Lohengrin** s'adressant à elles :)

Et vous, parez Elsa, ma douce femme, pour la conduire devant le Roi. Là-bas, je lui réserve ma réponse ; elle saura qui est son époux.

(Il s'éloigne, par la porte de droite, le visage plein d'une grave tristesse. Les femmes emmènent, par la gauche, **Elsa** presque sans mouvement. Un rideau ferme toute la scène. Comme venant de la cour du « burg » on entend résonner un appel de trompettes.)

TROISIÈME SCÈNE

(Lorsque le rideau se relève, la scène représente de nouveau une prairie sur les bords de l'Escaut, comme au premier acte. L'aurore se lève et bientôt le jour brille. De différents côtés, le ban brabançon arrive sur la scène. Les groupes divers sont conduits par des comtes, dont les porte-étendards plantent les bannières en terre, aussitôt arrivés. Chaque groupe se réunit autour de sa bannière. Des pages portent le bouclier et la lance du comte. Des varlets, à côté, mènent par la bride les coursiers. Lorsque les Brabançons sont tous arrivés, le roi **Henri** rentre avec son ban. Tous sont en costume de guerre.)

Les Brabançons (saluant l'entrée du Roi).

Vive le roi Henri ! Salut à notre Roi !

Le Roi (debout sous le chêne).

Merci, mes chers Brabançons ! Je sens mon cœur ivre de joie en trouvant dans chaque pays allemand de si puissants et si nombreux défenseurs ! Maintenant, que l'ennemi s'approche, et nous le recevrons avec courage ! De sa sauvage demeure de l'Orient, il n'osera plus s'avancer vers nous ! Pour le pays allemand l'épée allemande ! Protégeons la puissance de l'Empire !

Tous les Hommes

Pour le pays allemand l'épée allemande ! Protégeons la puissance de l'Empire !

Le Roi

Mais où est celui que Dieu nous envoya pour la gloire et la grandeur du Brabant ?

(Un tumulte mêlé d'effroi se produit : les quatre Nobles Brabançons portent sur une litière le cadavre voilé de **Frédéric** et le déposent au milieu de la scène. Tous se regardent et s'interrogent.)

Tous

Qu'apportent ces hommes ? Qu'annoncent-ils ? Ce sont les compagnons de Telramund.

Le Roi

Qui menez-vous ici ? Que faut-il que je voie ? —
Je me sens à votre vue l'âme remplie d'horreur !

Les quatre Seigneurs

C'est la volonté du Protecteur du Brabant ! Quel
est ce mort, il le dira lui-même !

> (**Elsa**, suivie d'un long cortège de femmes,
> entre lentement et s'avance vers le devant
> de la scène d'un pas chancelant.)

Les Hommes

Voyez ! voici venir Elsa, la Reine des vertus !
Oh ! que triste et pâle est son visage !

Le Roi (qui est allé au-devant d'**Elsa** et l'a conduite à un siège
élevé, en face de lui).

Pourquoi sur ton front une telle tristesse ?
L'heure de la séparation a-t-elle donc sonné ?

> (**Elsa** n'ose pas lever les yeux. Un vif
> tumulte s'élève dans le fond ; on entend...)

Des voix

Place au Protecteur du Brabant !

Tous les Hommes

Salut ! Salut au Protecteur du Brabant !

> (**Le Roi** a repris sa place sous le chêne. **Lohengrin,** revêtu des mêmes habits qu'au premier acte, est entré seul, le visage triste et solennel.)

Le Roi

Je salue ta venue près de nous, ô héros bien-aimé ! Ceux que tu convoquas si fidèlement au ban de l'empire t'attendent avec une belliqueuse ardeur, sûrs que, conduits par toi, ils auront la victoire.

Tous les Hommes

Nous t'attendons avec une belliqueuse ardeur, sûrs que, conduits par toi, nous aurons la victoire.

Lohengrin

Mon Seigneur et mon Roi, laisse-moi t'annoncer que je ne puis mener au combat les valeureux héros que j'ai convoqués.

Le Roi et les Hommes (avec une vive émotion).

O Dieu ! quelles dures paroles il nous dit !

Lohengrin

Je ne viens pas ici en compagnon d'armes, je viens en accusateur ! — D'abord, je me plains devant vous tous, et vous demande une juste sentence : cet homme m'ayant attaqué dans la nuit, dites, ai-je bien fait de lui donner la mort ?

(Il a découvert le cadavre de **Frédéric.**
Tous en détournent les yeux avec horreur.)

Le Roi et les Hommes (tendant le bras vers le cadavre).

Comme ta main le frappa sur la terre, qu'ainsi le frappe au ciel le châtiment de Dieu !

Lohengrin

Écoutez encore cette autre plainte : devant vous tous ici présents j'accuse de trahison la femme que Dieu m'avait donnée.

Le roi et tous les Hommes

Elsa ! Comment cela peut-il se faire ? Comment pouvais-tu consommer ainsi ta perte ?

Lohengrin

Vous entendîtes tous qu'elle me promit de ne point m'interroger pour savoir qui je suis ? Eh bien, elle a rompu son serment sacré et abandonné son cœur à des conseils perfides ! Maintenant, écoutez si je dois fuir le jour ; devant tout le monde, devant le Roi et devant l'Empire, je vais dévoiler fidèlement mon secret ! Écoutez donc et voyez si ma noblesse à la vôtre est égale !

Le Roi et les Hommes

Quelles choses inouïes faut-il que j'apprenne ! Oh ! plût au ciel qu'il nous épargnât la fatale nouvelle !

Lohengrin (les yeux fixés droit devant lui, le visage transfiguré et solennel).

Dans un lointain pays, inaccessible à vos pas, s'élève un « burg » qu'on nomme Montsalvat. Un temple splendide se dresse au milieu, si éblouissant que rien sur terre ne l'égale ; là un vase saint et béni est conservé comme la plus précieuse des reliques. Il fut apporté par une troupe d'anges, afin d'être les soins des plus vertueux d'entre les hommes. Tous les ans une colombe descend du ciel et vient renouveler sa force merveilleuse. On l'appelle le Graal, et par lui la félicité de la foi la plus pure s'étend à tous ses chevaliers. Celui qui est choisi pour le servir est armé d'une puissance surnaturelle, contre laquelle le méchant ne peut rien, parce qu'aussitôt aperçu il est frappé de mort. Même celui qu'il envoie dans les pays éloignés et choisit comme champion de la vertu, garde sa puissance miraculeuse, s'il y reste inconnu comme son chevalier ; mais la nature du Graal est si sublime que découvert il doit fuir les regards des profanes. Aussi vous ne devez pas douter de son chevalier, car si vous le reconnaissez il faut qu'il vous quitte. — Maintenant, écoutez comment je récompense le mépris de ma défense ! C'est par le

Graal que vers vous je fus envoyé ; mon père Parsifal porte sa couronne, et moi son serviteur — j'ai pour nom Lohengrin.

Tous les Hommes et Femmes (pleins d'étonnement et le regardant avec un profond attendrissement).

En l'entendant annoncer sa sublime nature, je sens mes yeux brûlants se mouiller de larmes saintes et douces.

Elsa (comme anéantie).

Le sol me manque ! Quelle nuit effroyable ! Donnez de l'air, de l'air à la malheureuse Elsa !

(Elle est près de défaillir. **Lohengrin** l'enlace dans ses bras.)

Lohengrin (avec une douleur poignante).

O Elsa ! quel mal viens-tu de me faire ? Lorsque mes yeux te virent pour la première fois je me sentis pour toi embrasé d'amour, et je reconnus aussitôt en cet amour une félicité nouvelle : désormais je voulais mettre au service de la plus vertueuse des vierges l'auguste et miraculeuse puissance que ma nature m'a donnée. — Pourquoi donc m'arracher ainsi mon secret ? Maintenant, hélas ! il me faut à jamais te quitter !

Le Roi, tous les Hommes

Malheur ! Malheur ! Faut-il que tu nous abandonnes, majestueux envoyé de Dieu ? Si la bénédiction du ciel nous échappe, comment nous consoler ensuite de ta perte ?

Elsa (dans une crise de violent désespoir).

O mon époux, non, je ne te laisserai pas partir d'ici ! Reste, et tu seras témoin de mon repentir ! Non, tu ne dois pas te ravir à la vue de mon repentir amer ! Afin que tu me châties, je me jette à tes pieds !

Lohengrin

Il faut que je parte, il le faut, il le faut, ô ma douce épouse ! Déjà le Graal se courrouce de me voir m'attarder au loin !

Elsa

Oh ! ne me repousse pas, pour grand que soit mon crime !

Lohengrin

Cesse de parler ainsi, Elsa, car à cette expiation je suis moi-même condamné !

Elsa

Si ta nature est aussi sublime que je l'ai reconnue, que la miséricorde de Dieu ne soit point bannie de ton cœur ! Quand tu vois la plus malheureuse des femmes expier sa faute en de si lamentables gémissements, tu ne dois pas lui refuser la grâce de rester auprès d'elle !

Lohengrin

Il n'est à cette faute qu'un unique châtiment. Hélas ! il me frappera tout autant que toi-même ! Nous devons être éternellement séparés, éloignés l'un de l'autre : telle sera notre peine, telle sera notre expiation !

(**Elsa** pousse un grand cri et tombe évanouie.)

Le Roi, les Hommes (entourant Lohengrin).

Oh ! reste parmi nous et ne pars point d'ici ! Tes sujets attendent leur chef.

Lohengrin

Écoute, ô Roi, je ne puis plus te suivre, car vous avez en moi reconnu le chevalier du Graal ! Voudrais-je maintenant désobéir à Dieu et combattre avec vous, toute force me serait ravie ! Mais, laisse-moi te prédire, ô grand Roi, qu'une splendide victoire t'est promise, et que de longtemps les hordes de l'Orient n'envahiront point le sol de l'Allemagne !

(Du fond on entend grandir ce cri :)

Le cygne ! le cygne !

(On voit sur le fleuve arriver le cygne avec la nacelle, tout comme au premier acte.)

Les Hommes et les Femmes

Le cygne ! Le cygne ! Voyez-le s'approcher là-bas !

Elsa

Horreur ! Ha ! le cygne ! le cygne !

Lohengrin

Déjà le Graal envoie chercher celui qui s'attarde en ces lieux.

(Sous les regards attentifs de la foule entière, **Lohengrin** s'approche du bord et considère le cygne avec mélancolie.)

O mon cygne bien-aimé ! — Hélas ! ce dernier et triste voyage, que volontiers je te l'eusse épargné ! Dans un an, quand tu aurais quitté le service du Graal, délivré par sa toute-puissance, je voulais te revoir sous une autre nature !

(Il se tourne vers **Elsa,** en proie à la plus violente douleur.)

O Elsa ! une année seulement je serais resté près de toi, témoin de ton bonheur ! Alors, ce frère que tu crois mort, le Saint Graal te l'aurait ramené. — Quand il reviendra plus tard auprès de toi, tandis que loin de lui je vivrai, tu lui donneras ce cor, cette épée, cet anneau. Ce cor l'aidera dans le danger ; cette épée, au milieu des combats, le rendra victorieux. En voyant cet anneau, il pensera à moi, à celui qui jadis te sauva de la honte et de la misère !

(En couvrant **Elsa** de baisers.)

Adieu ! Adieu ! Adieu, ma douce épouse ! Adieu ! La colère du Graal me frapperait si je restais encore auprès de toi !

> (**Elsa** a étreint convulsivement **Lohengrin** ; enfin ses forces l'abandonnent, elle tombe défaillante dans les bras de ses suivantes, auxquelles **Lohengrin** la confie pour se diriger en hâte vers le bord du fleuve.)

Le Roi, les Hommes et les Femmes (tendant les bras vers **Lohengrin**.)

Malheur ! Malheur ! O noble et gracieux chevalier, en quelle affreuse misère tu nous laisses !

> (**Ortrud** entre à droite sur le devant de la scène et se place avec des gestes de joie sauvage devant **Elsa**.)

Ortrud

Va-t'en, va-t'en, ô héros orgueilleux, afin que j'annonce à la folle Elsa qui t'a conduit dans la nacelle ! A la chaînette avec laquelle je changeai Gottfried en cygne, j'ai bien reconnu que c'était l'héritier du trône de Brabant !

Tous

Ha !

Ortrud (à **Elsa**).

Merci de nous avoir chassé ce chevalier ! Maintenant le cygne va le reconduire. Si ce héros fut ici plus longtemps demeuré, il aurait aussi délivré ton frère.

Tous

O femme scélérate ! De quel forfait ton impudent sarcasme vient-il de faire l'aveu !

Ortrud

Apprenez comment les dieux se vengent, les dieux dont vous avez méprisé les faveurs ?

> (**Lohengrin,** sur le point de monter dans la nacelle, s'est arrêté, en entendant la voix d'**Ortrud,** et a écouté attentivement ses paroles. Maintenant, sur le bord du fleuve, il tombe à genoux solennellement et fait tout bas une prière. Tout à coup, il aperçoit une blanche colombe qui vient planer sur la nacelle. Il se dresse en manifestant la joie la plus vive et enlève au cygne sa chainette. Celui-ci s'engloutit aussitôt et à sa place apparaît un jeune homme..., **Gottfried.**)

Lohengrin

Voilà le duc de Brabant ! Qu'il soit votre chef et votre maître !

> (Il saute rapidement dans la nacelle, que la colombe tire par la chaînette et emmène. — **Ortrud,** à la vue du désensorcellement de **Gottfried,** s'est évanouie en criant.— **Elsa,** le visage serein et joyeux pour la dernière fois, contemple **Gottfried,** qui s'est avancé sur le devant de la scène et s'incline devant le Roi. Puis elle dirige à nouveau ses regards vers le fleuve.)

Elsa

Mon époux ! Mon époux !

> (Elle aperçoit dans le lointain **Lohengrin,** dont la colombe tire la nacelle. Tout le monde alors éclate en lamentations. **Elsa** glisse dans les bras de **Gottfried** et tombe inanimée sur le sol.)

(Le rideau tombe.)

PARSIFAL

Conception : 1854. — Projet du drame : printemps 1857. — Premier projet du scénario complet : 1865. — Scénario, achevé le 23 février 1877. — Partition commencée en automne 1877, achevée le 13 janvier 1882. — Première représentation à Bayreuth, le 26 juillet 1882.

PERSONNAGES

Amfortas.
Titurel.
Gurnemanz.
Parsifal.
Klingsor.
Kundry.

Chevaliers du Graal et écuyers. — Les filles enchanteresses de Klingsor.

Le pays et le « burg » des gardiens du Graal, « Monsalvat », contrée dans le genre des montagnes de l'Espagne gothique du Nord. Puis le château enchanteur de Klingsor, dans le style de l'Espagne musulmane, sur le flanc des montagnes du sud. La livrée des écuyers est semblable à celle de l'Ordre des Templiers, cottes blanches et manteaux blancs ; mais, au lieu de la croix rouge, une colombe aux ailes déployées est gravée sur les armes et brodée sur les manteaux.

PREMIER ACTE

Une forêt ombreuse et solennelle, sans être sombre.

Sol rocheux. Au milieu une clairière. A gauche s'ouvre un chemin montant vers le « burg » du Graal. Le fond de la scène s'abaisse au centre vers un lac, situé plus bas dans la forêt. — Le jour se lève. — **Gurnemanz** (un vigoureux vieillard) et deux écuyers (d'une tendre jeunesse) sommeillent étendus sous un arbre. A gauche, comme venant du « burg », retentit le son grave des trompettes sonnant le réveil matinal.

Gurnemanz (s'éveillant et secouant les écuyers).

Hé! Ho! Gardiens de la forêt et de notre sommeil, veillez donc au moins à l'aurore!

(Les deux écuyers se lèvent d'un bond et se jettent aussitôt à genoux, tout honteux).

Entendez-vous l'appel? Eh bien, remerciez Dieu qu'il vous ait élus à l'entendre!

(Il s'agenouille aussi près d'eux et ils disent tout bas en commun leur prière du matin. Les trompettes cessent à l'instant de sonner, et ils se lèvent.)

Maintenant debout, pages; occupez-vous du bain. Il est temps là-bas d'attendre le roi : je vois déjà venir à nous les messagers, annonçant l'approche du malade, porté sur son lit de douleur.

(Deux chevaliers s'avancent, venant du « burg ».)

Salut à vous! Comment se trouve Amfortas aujourd'hui ? Sans doute de bonne heure il demande son bain. Mais cette herbe vulnéraire, que Gawan lui obtint par la ruse et l'audace, je croyais qu'elle le calmerait ?

Le premier chevalier

Tu croyais cela, toi qui cependant sais tout ? Malgré elle les douleurs sont bientôt revenues, plus terribles que jamais, et, comme ses atroces souffrances lui ôtent tout sommeil, il nous a commandé son bain en toute hâte.

Gurnemanz (inclinant tristement la tête.)

Insensés que nous sommes, d'espérer du soulagement à un mal que seul apaise le salut! Cherchez, en parcourant le monde, toutes les herbes et tous les breuvages salutaires, — rien ne le secourra, si ce n'est une chose, — oui, une seule chose.

Le premier chevalier

Eh bien, dis-nous quelle est cette chose !

Gurnemanz (s'y refusant)

Prenez soin du bain !

Le premier écuyer (se tournant, ainsi que le deuxième écuyer, vers le fond de la scène, et regardant à droite).

Voyez là-bas chevaucher cette femme sauvage !

Le deuxième écuyer

Ah ! comme flotte la crinière de ce cheval du diable !

Le premier chevalier

Oui ! C'est Kundry !

Le deuxième chevalier

Elle apporte à coup sûr des nouvelles importantes.

Le premier écuyer

Le coursier chancelle.

Le deuxième écuyer

N'eût-on pas dit qu'il volait à travers les airs ?

Le premier écuyer

Maintenant, il rase le sol.

Le deuxième écuyer

Il balaie la mousse avec sa crinière.

Le premier chevalier

La sauvage écuyère vient de descendre.

>   (**Kundry** entre avec hâte et presque chancelante. Elle est grossièrement vêtue et haut retroussée : de longues ceintures en peau de serpent pendent le long de son corps; sa chevelure ondoie en nattes dénouées; son visage est d'un brun rougeâtre foncé; ses yeux ardents et noirs lancent parfois des regards fulgurants, mais restent le plus souvent d'une fixité et d'une immobilité mortelles. Elle court vers **Gurnemanz** et le presse d'accepter un petit vase de cristal).

Kundry

Toi, prends ceci ! — C'est un baume !

Gurnemanz

D'où l'as-tu apporté ?

Kundry

De pays plus lointains que tu ne pourrais croire. Si ce baume est impuissant, l'Arabie ne renferme plus rien pour son salut. — Ne m'interroge pas davantage. — Je suis fatiguée.

(Elle se jette sur le sol).

(Un cortège d'écuyers et de chevaliers entre en scène vers la gauche, portant et accompagnant la litière sur laquelle **Amfortas** repose étendu. **Gurnemanz**, détournant ses yeux de **Kundry**, regarde aussitôt les arrivants.)

Gurnemanz (pendant l'entrée du cortège).

Il arrive; ils l'apportent et le conduisent ici. — O malheur ! Comment mon âme peut-elle supporter de voir, dans la fleur de sa fière virilité, ce roi de la plus glorieuse des races asservi par ses douleurs?

(Aux écuyers).

Prenez garde ! Entendez, le roi gémit.

(Ceux-ci s'arrêtent et posent la litière sur le sol.)

Amfortas (se levant légèrement).

C'est bien ! — Merci ! — Laissez-moi quelques instants. Après une horrible nuit de souffrances, je puis me reposer en contemplant l'aurorale splendeur de la forêt; dans le lac sacré l'onde également me calmera sans doute; mon mal déjà reste muet, et à la douleur de la nuit succède la paix du jour. — Gawan!

Le premier chevalier

Seigneur, Gawan n'est point demeuré parmi nous. Quelque peine qu'il ait eue à l'obtenir, son herbe ayant trompé son espérance, il s'en est vite allé en chercher de nouvelles.

Amfortas

Sans ma permission? — Puisse-t-il en être puni, puisqu'il désobéit ainsi aux ordres du Graal! Oh! malheur à lui, malheur à ce téméraire et à cet audacieux, s'il tombe dans les rêts de Klingsor! Aussi que nul ne trouble plus ma tranquillité, car j'attends inquiet celui qui m'a quitté. « Celui que la pitié instruit [1] » — N'était-ce pas ainsi?

Gurnemanz

C'est du moins ce que tu nous as dit.

---

[1] Ce sont les paroles que lui dit le Graal, un jour qu'il implorait de lui son salut. Les voici en entier : « Attends celui que j'ai élu, l'homme pur et insensé que la pitié instruit. » — Cet homme sera **Parsifal**.

Amfortas

« L'homme pur et insensé » ; — il me semble le reconnaître. — Ah ! puissé-je le nommer la mort !

Gurnemanz

Mais prends d'abord ceci : essaie encore ce remède.
(Il lui tend le flacon.)

Amfortas (regardant le flacon).

D'où vient ce vase mystérieux ?

Gurnemanz

On l'a apporté d'Arabie.

Amfortas

Et qui l'a acquis ?

Gurnemanz

La voilà ; c'est cette femme sauvage. — Lève-toi, Kundry ! Approche !
(Elle s'y refuse.)

Amfortas

C'est toi, Kundry ? Faut-il qu'à nouveau je te dise merci, ô fille infatigable et farouche ? — C'est bien ! J'essaierai encore ce baume, pour te remercier de ta fidélité !

Kundry (agitée et couchée à terre).

Pas de remerciements ! — Ha ! Ha ! A quoi cela peut-il servir ? Pas de remerciements ! Allez, allez au bain !

(**Amfortas** donne le signal du départ; le cortège s'éloigne vers les profondeurs du fond de la scène. — **Gurnemanz**, qui les regarde avec mélancolie, et **Kundry**, toujours étendue sur le sol, sont restés en arrière. — Des écuyers vont et viennent.)

Le troisième écuyer (jeune homme).

Hé ! Toi là-bas ! — Pourquoi gis-tu là comme une bête sauvage ?

Kundry

Les bêtes ici ne sont-elles pas sacrées ?

Le troisième écuyer

Assurément ! Mais nous ignorons précisément encore si tu es toi-même sacrée.

Le quatrième écuyer (également un jeune homme).

Avec son breuvage magique je crois qu'elle achèvera notre maître.

Gurnemanz

Hm! — Vous fit-elle jamais quelque mal? — Quand tous ici nous sommes perplexes, et ne savons comment envoyer prévenir nos frères qui combattent dans les pays les plus lointains, qui donc, dès qu'à peine vous savez où il faut aller, et avant que vous vous soyez décidés, court là-bas et vole de retour? Qui est notre heureuse et fidèle messagère? — Vous ne l'approchez pas, et elle vous évite; elle n'a rien avec vous de commun. Mais s'agit-il de secourir quelqu'un dans le danger, son ardeur aussitôt donne des ailes à celle qui jamais ne veut qu'on lui dise merci. Si, ce me semble, de telles actions étaient mauvaises, pourraient-elles ainsi tourner à votre bien?

Le troisième écuyer

Cependant elle nous hait. — Vois comme malignement elle nous regarde!

Le quatrième écuyer

C'est une païenne, une magicienne.

Gurnemanz

Oui, il se peut que ce soit une fille maudite : aujourd'hui elle vit en ces lieux, — ressuscitée peut-être, pour expier quelque faute commise dans une précédente vie, et qui là-bas ne lui est pas encore pardonnée. Mais si elle expie ses péchés par des actes salutaires à vous tous, chevaliers, assurément sa conduite présente est fort belle : en nous servant d'ailleurs, elle s'aide elle-même.

Le troisième écuyer

Alors, c'est sans doute sa propre faute qui nous a causé tant de maux ?

Gurnemanz

Oui, quand elle restait longtemps éloignée de nous, un malheur ne tardait pas à nous frapper. Je la connais déjà de longue date, et Titurel la connaissait encore bien avant moi : jadis, lorsqu'il consacra ce temple que vous voyez, il la trouva ici, étendue dans les broussailles de la forêt, raide, inerte, et comme morte. Et moi-même je la rencontrai naguère, lorsque à peine venait de nous advenir le malheur que ce méchant d'au-delà la montagne a fait ignominieusement peser sur nous.

(A **Kundry**).

Hé ! Toi ! — Écoute-moi. Dis, où vagabondais-tu quand notre Maître perdit sa lance ?

(**Kundry** reste silencieuse.)

Pourquoi ne nous aidas-tu pas alors ?

Kundry

Je n'aide jamais.

Le quatrième écuyer

Elle l'avoue ici-même.

Le troisième écuyer

Puisqu'elle nous défend avec tant de zèle et d'audace, envoie-la donc chercher la lance perdue !

Gurnemanz (sombre.)

C'est là bien autre chose, et nul n'y peut rien faire.
(Avec une profonde émotion.)

O lance miraculeuse par tes blessures, lance sacrée, je t'ai vu brandir par une main diabolique !

(Se perdant dans ses souvenirs.)

Si tu eusses gardé cette lance, trop présomptueux Amfortas, qui pouvait t'empêcher d'anéantir l'enchanteur ? — ...Arrivés déjà près du château, le héros nous est ravi : une femme d'une redoutable beauté vient de le charmer. Et tandis qu'il repose enivré dans ses bras, la lance lui échappe. Un cri terrible retentit. — J'accours. — Klingsor s'enfuyait en riant, la lance dans les mains. Je protégeai, en combattant, la fuite du roi, mais une blessure au côté le brûlait ; c'est cette blessure qui ne se veut point fermer.

Le troisième écuyer

Ainsi tu connaissais Klingsor ?

Gurnemanz (au premier et deuxième écuyer qui viennent du lac.)

Comment va le roi ?

Le deuxième écuyer

Le bain le rafraîchit.

Le premier écuyer

Le baume a calmé ses douleurs.

Gurnemanz (après un silence.)

C'est cette blessure qui ne se veut point fermer !

Le troisième écuyer

Mais, petit père, dis et apprends-nous gentiment : Tu connaissais Klingsor ? — Comment cela se peut-il ?

> (Le troisième et le quatrième écuyer venaient de s'asseoir aux pieds de **Gurnemanz**. Les deux autres maintenant font de même.)

Gurnemanz

Titurel, le pieux héros, le connaissait bien : car jadis, comme de féroces et puissants ennemis menaçaient, par de hardis artifices, l'empire de la foi, de célestes envoyés du Sauveur descendirent vers lui, pendant une nuit sainte et solennelle. Ils portaient, pour les confier à la garde de notre roi, — les plus précieuses reliques de la Passion, — le calice, la coupe miraculeuse et sacrée où il but pendant la Cène, et où, du haut de la Croix, coula son sang divin ; puis la lance qui lui perça le cœur. A ces reliques il éleva ce sanctuaire. Or, vous qui avez été envoyés, afin d'y servir Jésus, en ces lieux inaccessibles aux mortels, vous savez que seul l'homme pur peut devenir l'un des frères-chevaliers que fortifie, pour leur faire accomplir les plus sublimes miracles, la puissance du Saint Graal. Comme il avait l'âme impure, Klingsor, celui sur qui vous m'interrogez, fut refusé, malgré tous ses efforts. Il se retira alors par-delà la vallée, dans le luxuriant pays des hautes bruyères. Là, je ne sus jamais quelle faute il expiait, mais il voulait désormais s'abandonner au repentir et même se sanctifier. Impuissant à éteindre en son corps la concupiscence, il porta sur lui une main criminelle. Puis, dirigeant cette main vers le Graal, il jeta l'anathème sur ceux qui le gardent. Après quoi la fureur lui montra quel charme magique son honteux sacrifice pouvait lui faire exercer, et il conçut ce projet : — il transforma ses landes désertes en un jardin de délices, où croissent des femmes d'une diabolique beauté. C'est là qu'il veut attendre les chevaliers du Graal pour leur faire goûter les plaisirs impurs et les horreurs de l'enfer. Celui qu'il réussit à charmer lui appartient, et déjà beaucoup des nôtres sont devenus sa proie. — Aussi lorsque Titurel, pliant sous le faix des ans, dut donner à son fils Amfortas la couronne de Montsalvat, celui-ci s'empressa de vouloir mettre un frein aux progrès de ce magique fléau. Vous savez ce qu'il advint. La lance est aujourd'hui dans les mains de Klingsor ; avec elle, il peut blesser même des saints, et il a la ferme assurance de nous arracher un jour le Graal.

(**Kundry**, dans une furieuse agitation, s'est détournée plusieurs fois.)

Le quatrième écuyer

Avant tout, maintenant, il nous faut cette lance !

Le troisième écuyer

Ah ! celui qui la rapporterait aurait pour lui la gloire et la félicité.

Gurnemanz (après un moment de silence).

Devant le sanctuaire orphelin, Amfortas était un jour prosterné en fervente prière, implorant du Sauveur un signe de salut. Alors une splendide auréole nimba le Graal, et une figure fantomatique et sainte lui dit ces paroles claires, écrites en lettres de feu : « Attends celui que j'ai élu, l'homme pur et insensé que la pitié instruit. »

(Les quatre écuyers répètent ces dernières paroles avec émotion. On entend venir du lac les cris et les appels des

Chevaliers et écuyers

Malheur ! Malheur ! — Hoho ! Debout ! — Quel est ce sacrilège ?

(**Gurnemanz** et les quatre écuyers se lèvent en hâte et regardent avec frayeur de tous côtés. — Un cygne arrive du lac d'un vol languissant ; il est blessé, se maintient à peine dans l'air, et tombe enfin mort sur le sol.)

Pendant ce temps :

Gurnemanz

Qu'y a-t-il ?

Le premier écuyer

Là-bas !

Le deuxième écuyer

Ici ! Un cygne !

Le troisième écuyer

Un cygne sauvage !

Le quatrième écuyer

Il est blessé !

D'autres écuyers (accourant du lac).

Ah ! malheur ! malheur !

Gurnemanz

Qui a tué ce cygne ?

Le deuxième chevalier (qui apparaît)

Le roi saluait comme un heureux présage le vol du cygne sur le lac ; tout à coup une flèche vola. —

De nouveaux écuyers (amenant Parsifal)

C'était lui qui venait de tirer ! — Voici l'arc ! Et voici la flèche semblable aux siennes !

Gurnemanz (à Parsifal)

Est-ce toi qui a tué ce cygne?

Parsifal

Assurément! Je frappe au vol tout ce qui vole!

Gurnemanz

Tu as fait cela! Et tu n'as pas reculé d'effroi devant ce crime?

Les écuyers

Punis ce sacrilège!

Gurnemanz

Action inouïe! Tu as osé tuer? Ici, dans la sainte forêt dont la paix t'environne? Les animaux de ces bois ne t'approchaient-ils point avec docilité? Ne te saluaient-ils pas amicalement et sans crainte? Du haut des branches, que te chantaient donc les petits oiseaux? Et que te faisait ce cygne fidèle? Il s'envolait du haut des airs pour chercher sa femelle, et pour tournoyer au-dessus du lac, qu'il bénissait ainsi avec elle pour en rendre le bain salutaire. Et tu ne t'étonnais pas de le voir, tu ne te sentais attiré vers lui que pour le frapper de tes flèches avec une cruauté puérile? — Il nous était sacré. Qu'est-il à cette heure pour toi? Ici, — regarde — c'est ici que tu l'as atteint : le sang y est encore figé, et ses ailes pendent sans vie; son plumage de neige est souillé de taches sombres. — Son œil est éteint; vois-tu son regard? Prends-tu conscience de ta faute?

> (**Parsifal** l'a écouté avec une émotion croissante; maintenant il brise son arc et lance ses flèches au loin.)

Dis-moi, jeune enfant! Reconnais-tu l'étendue de ton crime?

> (**Parsifal** met la main devant ses yeux.)

Comment as-tu fait pour le commettre?

Parsifal

J'ignorais que ce fût un crime.

Gurnemanz

D'où es-tu?

Parsifal

Je ne sais.

Gurnemanz

Quel est ton père?

Parsifal

Je ne sais.

Gurnemanz

Qui t'a envoyé par ici ?

Parsifal

Je l'ignore.

Gurnemanz

Dis-moi quel est ton nom ?

Parsifal

J'en avais beaucoup, mais je ne me souviens plus d'aucun.

Gurnemanz

Tu ne sais rien de tout cela ?
(A part).

Je n'ai trouvé jusqu'ici, Kundry exceptée, personne qui soit aussi sot que lui. —

(Aux écuyers qui peu à peu se sont réunis en plus grand nombre.)

Allez maintenant! Et ne négligez pas le roi au bain! — Prêtez-lui votre aide.

> (Les écuyers ont respectueusement pris le cygne, et s'éloignent, en l'emportant, dans la direction du lac.)

Gurnemanz (s'adressant de nouveau à **Parsifal**).

Dis-moi, tu ignores tout ce que je te demande? Apprends-nous donc ce que tu sais, car tu dois bien savoir quelque chose.

Parsifal

J'ai une mère; elle s'appelle Herzeleide (1); nous habitions la forêt et les plaines incultes.

Gurnemanz

Qui te donna cet arc?

Parsifal

Je me le fis moi-même, pour chasser du bois l'aigle sauvage.

Gurnemanz

Tu parais noble cependant et de haute nais-

---

(1) Herzeleide signifie « cœur souffrant. »

s'est rouverte ; ils soignent **Amfortas**, l'accompagnent jusqu'à sa litière, et tandis que tous les autres se disposent à partir, dans l'ordre où ils sont venus, ils emportent **Amfortas** et le tabernacle. Les chevaliers et les écuyers se rangent de nouveau pour le cortège solennel. Ils sortent lentement de l'abside où peu à peu s'éteint la lumière du jour. Les cloches se font entendre de nouveau.

Au moment où **Amfortas** avait poussé son déchirant cri de souffrance, **Parsifal** avait mis vivement sa main sur son cœur qu'il tient convulsivement pressé quelques instants. Maintenant il est là debout comme raide et inerte. — Lorsque les derniers serviteurs du Graal sont partis et que les portes sont refermées, **Gurnemanz** s'avance avec mauvaise humeur vers **Parsifal** et le secoue par le bras.)

Gurnemanz

Que fais-tu donc encore là ? Sais-tu ce que tu viens de voir ?

(**Parsifal** secoue légèrement la tête.)

Tu n'es donc qu'un fou !

(Il ouvre une étroite porte latérale.)

Va-t'en, et reprends ton chemin ! Gurnemanz toutefois te conseille de laisser à l'avenir les cygnes en paix, et de chercher les oies, oison !

(Il jette **Parsifal** dehors et referme avec colère la porte derrière lui. Puis, tandis qu'il suit les chevaliers, le rideau tombe.)

DEUXIÈME ACTE

Le château enchanteur de Klingsor

L'intérieur d'une tour à ciel ouvert. Des escaliers de pierre conduisent aux créneaux de la tour. Le bas est plongé dans les ténèbres ; on y descend par un encorbellement que représente le plancher de la scène. On aperçoit des instruments de magie et des appareils de nécromancie. **Klingsor** est assis par côté sur l'encorbellement, devant un miroir en métal.

Klingsor

Le temps est venu. — Déjà mon château enchanteur attire l'insensé que là-bas dans le lointain je voir venir à moi en poussant puérilement des cris d'allégresse. — Cependant la malédiction tient plongée dans le sommeil de la mort celle dont je sais faire naître les spasmes amoureux. — Debout donc ! A l'œuvre !

>   (Il descend légèrement vers le milieu de la scène et y brûle des parfums qui remplissent aussitôt une partie du fond de vapeurs azurées. Puis il reprend sa place de tout à l'heure, et avec des signes mystérieux crie vers le bas) :

En haut ! Ici ! A moi ! Ton maître t'appelle, toi qui n'as pas de nom, antique Diablesse, Rose des Enfers ! Tu t'appelas jadis Hérodiade, et comment encore ? Là-bas Gundryggia, ici Kundry. A moi ! Accours donc, Kundry ! Monte trouver ton maître !

>(Dans la lumière bleuâtre se dresse la forme de **Kundry**. On l'entend pousser un cri horrible, le cri de quelqu'un saisi d'effroi au sortir d'un profond sommeil.)

Klingsor

T'éveilles-tu ? Ha ! Te voilà enfin retombée sous mes charmes à l'heure propice.

>(**Kundry** fait entendre un hurlement plaintif, d'abord d'une extrême violence, puis s'atténuant en un gémissement de terreur.)

Dis, où est-ce qu'à nouveau tu vagabondais ? Fi ! Là-bas, chez les frères-chevaliers, où tu te laisses traiter comme une bête ? Ne te plais-tu pas mieux chez moi ? Lorsque tu m'eus conquis leur maître, — ha ! ha ! — le vertueux gardien du Graal, — qu'est-ce donc encore qui te poussa à t'enfuir d'ici ?

>**Kundry** (d'une voix rude et brisée, comme essayant de reprendre la parole).

Hélas ! — Hélas ! Nuit profonde ! — Folie ! — O rage ! — Hélas ! — Dormir ! — Dormir profondément ! — Mourir !

Klingsor

Un autre là-bas t'a réveillée ? Hé !

Kundry (comme auparavant).

Oui ! — ma malédiction ? — O regret ! — Regret ! —

Klingsor

Ha ! ha ! — Tu regrettes tes chastes chevaliers ?

Kundry

Là-bas, — là-bas — je servais.

Klingsor

Oui ! Oui ! — Pour réparer le mal que leur causa ta perfidie. Mais eux ne t'aident point : Ils sont tous à acheter, quand je leur offre la seule et vraie récompense, et c'en est fait du plus ferme d'entre eux, s'il tombe dans tes bras : il succombe aux coups de la lance, que j'arrachai moi-même aux mains de leur roi. — Aujourd'hui cependant il s'agit de lutter contre le plus redoutable, car celui-là le bouclier de la folie le protège.

Kundry

Je — ne veux pas ! — Oh ! — Oh !

Klingsor

Tu le voudras, car il le faut.

Kundry

Tu — ne peux — m'y contraindre.

Klingsor

Mais je puis de toi me saisir.

Kundry

Toi !

Klingsor

Moi, ton maître.

Kundry

Par quelle puissance ?

Klingsor

Ha ! Parce que je suis le seul contre lequel ton chamer — est impuissant.

Kundry (riant aux éclats).

Ha ! Ha ! — Es-tu chaste ?

Klingsor (furieux).

Que demandes-tu là, femme maudite ? —

(Il tombe dans une sombre méditation).

O effroyable misère ! — Maintenant ce diable me raille de ce que j'aspirai jadis à la sainteté. O effroyable misère ! Tourment d'un désir encore inapaisé ! Infernale puissance des plus terribles passions que chez moi j'ai contraintes à l'éternel silence ! — Se rit-il et se moque-t-il maintenant de moi par ta bouche, ô diablesse, sa fiancée ? — Prends garde ! Déjà l'un deux a expié ses méprisants sarcasmes : cet arrogant, dont la foi est inébranlable, et qui un jour me repoussa de lui, n'a déjà plus sa lance ; elle est entre mes mains, et le gardien des saintes reliques mourra par moi de langueur, sans la grâce de Dieu. Bientôt même, — je pense, — j'aurai la garde du Graal. — Ha ! Ha ! Est-ce qu'il a pu te plaire, ce héros Amfortas que je t'associai pour la volupté ?

Kundry

O pitié ! — Pitié ! — Faible Lui aussi ! Faibles — Tous ! Je suis maudite et ils sont Tous maudits avec moi ! — O sommeil éternel, seul et unique salut, comment, — comment t'obtenir ?

Klingsor

Ha ! Celui-là seul qui te bravera te délivrera. Essaie donc de charmer cet enfant qui s'approche !

Kundry

Je — ne veux pas !

Klingsor

Le voilà déjà qui assaille le château.

Kundry

Oh ! Malheur ! Malheur ! Me suis--je éveillée pour cela ? Le faut-il ? — Le faut-il ?

Klingsor (qui est monté sur le mur de la tour).

Ha ! — Il est beau, l'enfant !

Kundry

Oh ! — Oh ! — Malheur à moi ! —

Klingsor (sonnant du cor vers l'extérieur de la tour).

Ho ! Ho ! — Gardiens ! Chevaliers ! Héros ! — Debout ! — Voici l'ennemi !

> (Dehors on entend grandir le cliquetis et le fracas des armes.)

Oh ! — Comme ils se précipitent aux murs, mes braves amis, pour protéger leur séducteur, le beau diable ! — C'est bien ! — Courage ! Courage ! — Haha ! — Voilà un enfant qui n'a pas peur : — il a ravi son arme au héros Ferris ; il la lance aussitôt contre toute la troupe. —

> (**Kundry** commence à rire lugubrement.)

Oh ! qu'à ces lourdauds le courage sert mal ! A l'un il coupe le bras, — à l'autre la cuisse. Haha ! — Ils faiblissent, — ils s'enfuient ; chacun d'eux se retire avec une blessure. — Comme je vous plains ! — Pût ainsi toute la chevalerie s'entre-tuer elle-même ? Ah ! Avec quelle fierté maintenant l'enfant victorieux se tient debout sur la plate-forme ! Et comme sourient ses belles joues roses, tandis qu'il contemple avec un puéril étonnement les jardins solitaires.

Hé ? Kundry !

> (Il se retourne. **Kundry** est saisie d'un rire toujours plus extatique qui ne tarde pas à se changer enfin en un cri de douleur convulsif ; puis tout à coup elle disparaît. La lumière azurée s'éteint et une obscurité complète se fait dans le bas.)

Comment ! Déjà à l'œuvre ? — Haha ! je connaissais bien le charme qui te rappelle toujours à mon aide. — Et toi, là-bas, jeune rejeton, — quoi que l'on t'ait pu prédire, — tu es tombé trop enfant et trop naïf en ma puissance : laisse-moi seulement te ravir ta pureté, et tu m'appartiendras.

>(Il disparaît lentement avec toute la tour ; en même temps le jardin enchanteur monte et remplit en entier la scène : végétation des tropiques, exubérance de fleurs magnifiques. Le fond est limité par la plate-forme de la tour, à laquelle s'adossent latéralement les rebords et les terrasses du château lui-même, bâti dans un riche style arabe.)
>(Sur le mur se tient **Parsifal** qui plonge dans le jardin ses regards étonnés. De tous côtés, venant du jardin et du palais, arrivent pêle-mêle, d'abord séparément, puis toutes ensemble; des filles superbes ; elles sont négligemment vêtues, comme si la frayeur venait de les éveiller en sursaut.)

Des filles (accourant du jardin)

C'est d'ici que venait le fracas des armes et l'écho des cris de guerre !

Des filles (sortant du château.)

Malheur ! Vengeance ! Debout ! Où est ce criminel ?

Quelques-unes

Mon amant est blessé.

D'autres

Où est le mien ?

D'autres

Je me trouvais seule à mon réveil. — Où s'était-il enfui ?

D'autres encore

Là, dans la salle. Ils ont tous des blessures sanglantes ! Malheur ! Quel est cet ennemi ? — Le voilà ! Voyez-le ! — N'a-t-il pas l'épée de mon Ferris ? — Je l'ai vu lorsqu'il a assailli la tour. — J'ai entendu le cor de notre maître. Mon héros accourut et Tous après lui ; mais il les reçut valeureusement et blessa chacun d'eux. O l'audacieux ennemi ! Tous s'enfuirent de lui. — Toi là-bas ! Toi là-bas, pourquoi nous as-tu fait une telle misère ? Tu seras maudit, oui, maudit !

(**Parsifal** saute un peu plus bas dans le jardin.)

Les filles

Ah ! l'effronté ! Tu oses nous braver ? Pourquoi as-tu frappé nos amants ?

Parsifal (dans la plus vive admiration).

O enfants superbes, ne le fallait-il pas ? Vers vous, gracieuses filles, ils me barraient le chemin.

Des filles

Tu voulais venir à nous ? Nous as-tu déjà vues ?

Parsifal

Non, jamais je ne vis une race aussi belle. N'ai-je point raison de vous appeler belles ?

Les filles (passant de l'étonnement à la joie.)

Ainsi, tu ne veux pas nous frapper ?

Parsifal

Je ne le voudrais pas.

Les filles

Cependant tu nous a fait beaucoup, beaucoup de mal : tu as blessé nos compagnons de jeu. Qui jouera désormais avec nous ?

Parsifal

Moi-même, avec plaisir.

Les filles (riant).

Si tu es notre ami, va, ne t'éloigne pas, et si tu consens à ne nous point gronder, nous te récompenserons : nous ne jouons pas pour l'or, nous jouons pour l'amour ; si tu veux nous consoler, tu gagneras le nôtre.

(Quelques-unes sont entrées dans les bosquets et reviennent vêtues d'habits-fleurs, pareilles elles-mêmes à des fleurs.)

Les filles parées (l'une après l'autre).

Laissez cet enfant ! — Il m'appartient. — Non ! — Non ! — A moi ! — A moi !

Les autres

Oh ! les méchantes ! — Elles se sont parées en cachette.

(Celles-ci s'éloignent de même et reviennent bientôt dans le même apparat.)

Les filles

(Tandis qu'avec des gestes gracieux et enfantins elles dansent alternativement une ronde autour de **Parsifal** et lui frôlent doucement les joues et le menton.)

Viens ! Viens ! gracieux enfant ! Laisse-moi fleurir pour toi ! Mes instantes prières t'invitent à l'amour et à la volupté !

Parsifal (debout au milieu d'elles dans une tranquillité sereine).

Oh ! que doux est votre parfum ! Êtes-vous donc des fleurs ?

Les filles (toujours tantôt séparément, tantôt toutes ensemble.)

Notre maître cueille pour nous au printemps les plus beaux ornements du jardin, et nous donne des âmes parfumées. Nous croissons ici dans le pays du soleil et de l'été, et nous fleurissons voluptueusement pour toi. Réserve-nous tes grâces et ton amitié, et ne sois pas avare de ton amour envers des fleurs ; car, si tu ne peux pas nous chérir et nous aimer, nous sommes vouées à l'étiolement et à la mort.

La première fille

Prends-moi contre ton cœur !

La deuxième

Laisse-moi rafraîchir ton front !

La troisième

Laisse-moi frôler ta joue !

La quatrième

Laisse-moi baiser ta bouche !

La cinquième

Non, moi ! Je suis la plus belle !

La sixième

Non, moi ! Mon parfum est plus doux !

Parsifal (se défendant avec douceur de leur charmante obsession.)

O vous, gracieuses et exotiques fleurs, qui me pressez ainsi, délivrez-moi de vos enlacements, si vous voulez qu'avec vous je joue !

Des filles

Pourquoi nous quereller ?

Parsifal

Parce que vous vous querellez vous-mêmes.

Des filles

Nous nous disputons pour te posséder.

Parsifal

Évitez cela.

La première fille (à la deuxième)

Cesse, toi ! Tu vois, c'est moi qu'il veut.

La deuxième

Non, c'est moi !

La troisième

Moi plutôt !

La quatrième

Non, moi !

La première fille (à Parsifal).

Te défends-tu de moi ?

La deuxième

Est-ce que je t'effarouche ?

La première

Es-tu poltron devant les femmes ?

La deuxième

N'oses-tu pas ?

Plusieurs filles

Oh ! que tu es méchant de rester ainsi hésitant et froid !

D'autres filles

Laisses-tu donc les fleurs faire la cour au papillon?

Les filles (première moitié)

Éloignez-vous de ce fou!

Une fille

Je désespère pour lui.

D'autres

Qu'il soit élu pour nous!

D'autres

Non, pour nous! — Non, pour moi! — Pour moi aussi! — Ici, ici!

Parsifal (les repousse presque avec colère et veut s'enfuir).

Laissez-moi! Vous ne me prendrez pas!

(D'un bosquet qui se trouve par côté on entend la voix de)

Kundry

Parsifal! — Reste.

(Les filles effrayées cessent aussitôt leurs jeux. — **Parsifal** demeure saisi et silencieux.)

Parsifal

Parsifal…? C'est ainsi que m'appela ma mère un jour qu'elle rêvait.

Kundry

Reste ici, Parsifal ! — La volupté et le bonheur à la fois t'y saluent. — Et vous, jeunes courtisanes, éloignez-vous de lui ! Fleurs vite fanées, il n'a pas été créé pour jouer avec vous ! Allez soigner les blessures de vos aimés : plus d'un héros vous attend dans l'abandon.

Les filles (en s'éloignant, par crainte et à contre-cœur, de **Parsifal**).

Te laisser, te fuir, — oh ! quel malheur ! oh ! quel tourment ! Nous quitterions volontiers tous nos amants pour rester avec toi seul. — Adieu ! Adieu ! — gracieux et orgueilleux enfant ! Adieu ! — fou !

(A ces dernières paroles, elles ont disparu vers le château, en riant tout bas).

Parsifal

Tout cela — l'ai-je donc rêvé ?

(Il dirige de timides regards vers l'endroit d'où est venue la voix. En découvrant le buisson, il y aperçoit une jeune femme, d'une splendide beauté — **Kundry,** transfigurée. — Elle est étendue sur un lit de fleurs et revêtue, — à la manière arabe — d'habits de gaze fantasques).

Parsifal (se tenant encore à l'écart).

M'as-tu appelé, moi qui n'ai pas de nom ?

Kundry

Toi, insensé Vertueux, je t'appelais « Fal parsi », — toi, pur Insensé « Parsifal ». C'est de ce nom qu'à son heure dernière ton père Gamuret, expirant en pays arabe, salua son fils, encore dans le sein de sa mère. Afin de te l'annoncer je t'attendais ici : qu'est-ce qui t'a en ces lieux amené, si ce n'est le désir de savoir ?

Parsifal

Je ne vis ni ne rêvai jamais rien de semblable, ni rien d'aussi terrifiant. Es-tu donc éclose aussi dans ce bosquet en fleurs ?

Kundry

Non, Parsifal, ô pur insensé ! Lointaine, — lointaine — est ma patrie ; et je n'étais ici qu'afin que tu m'y puisses trouver. Je viens de pays éloignés, où je vis bien des choses. Je t'ai vu enfant dans les bras de ta mère, et tes premiers bégaiements joyeux retentissent encore à mon oreille. Oh! comme Herzeleide riait elle-même, bien que l'âme endolorie, lorsque cet enfant, dont ses yeux ne pouvaient se repaître, poussait des cris de joie! Elle étendait mollement sur un tapis de mousse et endormait en l'embrassant ce gracieux petit être, dont sa douleur maternelle, inquiète et soucieuse, protégeait le sommeil; et elle l'éveillait au matin par la chaude rosée de ses pleurs. Elle n'était plus que larmes, elle était la Douleur incarnée, cette mère, inconsolable de la perte d'un époux bien-aimé. Te protéger d'une mort à la sienne pareille était pour elle le premier et le plus sacré des devoirs; aussi, loin des armes, loin des luttes et des fureurs humaines, t'élevait-elle dans la paix et le silence. Sa vie n'était qu'un perpétuel souci, une angoisse sans fin pour son enfant; nulle science humaine ne devait parvenir jusqu'à toi. N'ouïs-tu pas encore l'écho de ses gémissements, quand tu restais et t'attardais au loin? Ah! Et quelle joie, quelle allégresse elle éprouvait, quand elle te rejoignait dans tes fuites rapides! Lorsque alors son bras t'enlaçait avec rage, tu redoutais les baisers même de ta mère. Et cependant tu n'entendis pas ses lamentations, tu n'entendis pas l'éclat de sa douleur, lorsque enfin tu ne revins plus vers elle, et que tes traces se furent envolées. Elle t'attendit jour et nuit, jusqu'à l'heure où sa voix plaintive s'éteignit; le chagrin raviva sa douleur, elle implora la paix de la mort; la souffrance lui brisa le cœur, et — Herzeleide — expira.

Parsifal (toujours de plus en plus grave, enfin terriblement saisi, tombe, brisé d'émotion, aux pieds de **Kundry**.)

Malheur ! Malheur ! Qu'ai-je fait ? Où étais-je ? O ma mère ! Ma douce et tendre mère ! Ton fils, ton fils t'a tuée ! O insensé ! Fou craintif et délirant, où erres-tu, oublieux d'elle ? Oublieux de toi, de toi, ma mère bien-aimée !

Kundry (toujours étendue, se penche sur la tête de **Parsifal**, saisit doucement son front, et l'enlace amicalement de son bras.)

Si la douleur jusqu'ici te fut étrangère, ton cœur ignora aussi la douceur d'être consolé. Le malheur qui t'afflige, le remords qui te ronge, que le baume de l'amour te les fasse oublier !

Parsifal (avec mélancolie).

Ma mère ! J'ai pu oublier ma mère ? Ah ! Qu'ai-je donc pu oublier encore ? Et de qui me suis-je souvenu ? Il ne vit en moi qu'une sombre folie !

(Il se laisse choir de plus en plus.)

Kundry

L'aveu effacera ta faute et ton repentir, la foi changera ta folie en raison. Apprends à connaître l'amour, l'amour qui saisit Gamuret, quand l'embrasa l'ardente flamme d'Herzeleide, l'amour qui te donna jadis la lumière et la vie, l'amour devant qui doivent céder la folie et la mort ; aujourd'hui — comme suprême bénédiction de ta mère — il t'offre par ma bouche — son premier baiser.

> (Elle a complètement baissé la tête vers celle de **Parsifal**, et pour un long baiser pose maintenant ses lèvres sur sa bouche.)

Parsifal (se dresse aussitôt avec un geste d'extrême frayeur; son attitude trahit un incroyable changement en lui-même : il tient les mains vivement pressées contre son cœur, comme s'il voulait dompter une déchirante douleur. Enfin son désespoir éclate.)

O Amfortas ! — Ta blessure ! — Ta blessure — brûle dans mon cœur ! — Et ta plainte, ta plainte, ton horrible plainte monte et crie du tréfonds de mon âme ! O malheureux ! — Homme digne de toute pitié ! — J'ai vu saigner ta blessure, et — maintenant elle saigne en moi-même — ici — ici !

> (Tandis que **Kundry**, saisie d'extatique frayeur, fixe **Parsifal**, celui-ci continue dans un complet ravissement.)

Non ! Non ! Ce n'est pas la blessure : car des flots de sang se répandraient au loin. Ici ! C'est ici, dans mon cœur, qu'est le feu qui me consume ! C'est là qu'est le désir, le désir effréné, qui étreint et subjugue mes sens ! O tourment de l'amour ! Comme tout en moi palpite, frissonne, frémit d'une concupiscence coupable !....

> (D'une voix basse et lugubre.)

Mon morne regard s'arrête sur le vase saint : — le sang sacré resplendit ; — la divine et douce volupté de la rédemption agite au loin toutes les âmes ; là seulement, dans mon cœur, le tourment ne veut point s'apaiser. Là je perçois la plainte du Sauveur, la plainte, hélas ! la plainte de la Sainteté violée : « Rachète-moi, sauve-moi des mains criminelles ». Telle est la haute et terrible plainte que Dieu fait entendre en mon âme. Et moi, l'insensé, le lâche, je me suis enfui pour accomplir de sauvages et puériles actions !

(Il se jette à genoux de désespoir.)

O Rédempteur ! O Sauveur ! Dieu de miséricorde ! Comment mon âme impie pourra-t-elle expier ce péché ?

Kundry (dont l'étonnement se change en une admiration passionnée, cherche timidement à se rapprocher de **Parsifal**).

Héros promis, laisse donc là ce rêve, et lève un aimable regard vers la Grâce qui t'approche !

Parsifal (toujours agenouillé et regardant fixement **Kundry**, tandis que celle-ci se penche sur lui et lui fait des caresses, que **Parsifal** décrit en ces termes) :

Oui, cette voix est bien celle qui l'appela (1), — et ce regard, je le reconnais aussi, — comme ces yeux dont le troublant sourire le vainquit. Oui ! — ainsi pour lui frémirent ses lèvres, — ainsi se pencha sa nuque, — ainsi se dressa sa tête altière,

---

(1) Amfortas.

— ainsi ondoya sa riante chevelure, — ainsi son bras s'enlaça autour de son cou, ainsi le caressa sa joue voluptueuse! Sa bouche d'un baiser lui ravit le salut de son âme et lui donna le tourment de toutes les douleurs! — Ha! — ce baiser! —

(A ces mots il s'est peu à peu soulevé. Maintenant il se lève en sursaut et repousse violemment **Kundry**.)

Corruptrice, éloigne-toi de moi, de moi, — pour toujours, — à jamais !

Kundry (avec une extrême passion).

Cruel ! — Ha ! — Si tu ne ressens au cœur que les souffrances des autres, éprouve donc aussi les miennes ! Si tu es le rédempteur promis, qu'est-ce qui t'empêche, ô méchant, de t'unir à moi pour me sauver ? Depuis des siècles, — je t'attends, j'attends le Sauveur, venu si tard, hélas ! et qu'autrefois dédaigna mon audace. — Oh ! — Si tu connaissais l'anathème qui sera ma torture éternelle, et qui m'a créé une vie de nouveaux et perpétuels tourments, par la veille et le sommeil, par l'existence et le non-être, par la joie et le chagrin ! — Je le vis, — Lui (1), — Lui, — et — je ris..... Alors son regard me frappa. — Et maintenant je le cherche à travers les mondes, pour à nouveau le rencontrer. Dans mon extrême

---

(1) Jésus sur la Croix.

détresse, — je crois toujours voir son œil tout près de moi, son œil se reposer sur moi, — et toujours me revient ce rire maudit, — qui fait tomber aussitôt un pécheur dans mes bras ! Alors je ris — je ris ; — je ne peux pas pleurer : je ne peux que crier, enrager, vociférer, rugir dans la nuit de ma folie sans cesse renaissante, et de laquelle je m'éveille à peine pour me repentir. — Laisse-moi donc pleurer sur le sein de celui que j'ai désiré dans les langueurs de la mort, de celui que j'ai reconnu et que j'ai honteusement raillé, laisse-moi m'unir à toi, ne serait-ce qu'une heure, afin que, si le monde et Dieu me repoussent, je sois du moins pardonnée et rachetée par toi !

Parsifal

Tu serais avec moi vouée au dam éternel, si, seulement une heure, j'oubliais ma mission dans tes bras. — Je suis aussi envoyé vers toi pour te sauver, pourvu que tu renonces à la concupiscence. La source d'où naquit ta souffrance ne saurait apporter un baume à ta douleur, et, si elle ne se ferme pas en toi, tu n'obtiendras jamais ta rédemption ! Il en est une autre (1), — il en est une autre, hélas ! vers laquelle je vis languir en gémissant les frères-chevaliers qui, là-bas, dans leur détresse affreuse, se torturent et se martyrisent le corps. Mais qui la reconnait clairement et purement la vraie et unique source du salut ! O misère !

---

(1) La source du salut, le Graal.

O désertion de la grâce ! O aveuglante folie humaine, qui, jusque dans l'ardente passion du suprême salut, veut se désaltérer encore à la source de la damnation éternelle !

Kundry

C'est mon baiser qui t'a donné la science du monde, et si mon amour t'embrase tout entier, il te donnera la divinité même. Rachète le monde, si telle est ta mission ; mais si une heure peut de toi faire un dieu, abandonne-moi pour elle à ma perdition éternelle, et ne guéris point ma blessure.

Parsifal

O femme sacrilège, je t'offre aussi le salut.

Kundry

Laisse-moi d'abord t'aimer, divin héros, tu me rachèteras après.

Parsifal

Je te donnerai à la fois l'amour et le salut, — si tu me montres le chemin vers Amfortas.

Kundry (dans un éclat de fureur).

Jamais — tu ne le trouveras ! Abandonne à sa perte ce roi déchu, — ce damné, ce pécheur lascif

et honteux, dont je me suis moquée — oui, moquée !
Haha ! N'est-ce pas sa propre lance qui l'a frappé ?

Parsifal

Qui a pu le blesser avec la lance sacrée ?

Kundry

Lui, — Lui, — Celui qui autrefois châtia mon coupable rire : sa malédiction — ha ! — me rend toute-puissante, et contre toi-même j'appellerai cette arme, si tu honores le pécheur de ta compassion. — Ha ! Folie ! — Oh ! Pitié ! Aie pitié de moi ! Appartiens-moi seulement une heure — laisse-moi t'appartenir une heure : — et le chemin — je te le montrerai !

(Elle veut l'embrasser. Il la repousse avec violence.)

Parsifal

Va-t'en, femme maudite !

Kundry (se frappant la poitrine et poussant des cris de rage).

Au secours ! Au secours ! Accourez ! Arrêtez cet audacieux ! Accourez et barrez-lui chemins et sentiers ! — Et parviendrais-tu même à t'enfuir d'ici, trouverais-tu tous les chemins du monde, tu ne trouveras pas celui que tu cherches : car toute voie qui te ravirait à mes yeux. — je la maudis à jamais pour toi ! Erre, erre, — mais puisque c'est ainsi que j'ai ta confiance, je lancerai Klingsor à ta poursuite !

(**Klingsor** est apparu aussitôt sur le mur de la tour ; les filles se précipitent également hors du château et veulent accourir vers **Kundry**.)

Klingsor (brandissant une lance).

Halte-là ! Toi, je vais t'ensorceler avec l'arme qu'il faut ! Que la lance de son maître m'arrête ce fou !

(Il jette sa lance sur **Parsifal**. Celle-ci reste suspendue au-dessus de sa tête. **Parsifal** la saisit de la main et la brandit avec un geste d'extrême ravissement, en faisant avec elle le signe de la croix.)

Parsifal (à **Klingsor**).

Par ce signe, je fais s'évanouir ton charme ; qu'il ferme la blessure que tu fis avec cette lance à Amfortas — et qu'il plonge en même temps dans le deuil et la ruine le monde païen et ses trompeuses splendeurs !

(Comme par l'effet d'un tremblement de terre, le château disparaît ; le jardin se dessèche et devient un désert ; les filles gisent disséminées sur le sol, comme des fleurs fanées. **Kundry** s'est évanouie en criant.)

Du haut d'un mur à demi effondré,

Parsifal (s'adressant à Kundry en fuyant).

Tu sais — quel est le lieu seul (1) où tu me reverras !

(Il disparaît. Le rideau tombe rapidement.)

---

(1) Le royaume du Graal. Au troisième acte, nous y retrouverons en effet Kundry et Parsifal.

TROISIÈME ACTE

Dans le royaume du Graal

Contrée ouverte et délicieuse, dans l'éclat du printemps, avec des prairies à pente douce et couvertes de fleurs. La lisière de la forêt qui s'étend vers la droite occupe l'avant-scène, où, à un coin de la forêt, se trouve une source ; en face de la source, un peu plus bas, un humble ermitage est adossé contre un rocher.

L'aube du jour paraît.

Gurnemanz, devenu un vieillard grisonnant, maintenant ermite, modestement vêtu de la cotte des chevaliers du Graal, sort de la hutte et prête l'oreille.

Gurnemanz

C'est de là-bas que venait ce gémissement. — Il n'est pas de bête ici qui se plaigne si lamentablement, et surtout aujourd'hui à l'aurore du plus saint des jours. Il me semble reconnaître cette voix plaintive.

(On entend un sourd gémissement; on dirait celui d'une personne dont le sommeil est troublé de cauchemars. **Gurnemanz**

> marche avec résolution vers une haie de buissons qui se trouve par côté. Cette haie est d'une surprenante végétation. Il en écarte violemment les branches, et brusquement s'arrête.)

Ha! Elle — de retour? Les buissons à l'aspect hivernalement sauvage la tenaient cachée : et depuis combien de temps déjà? Lève-toi! — Kundry! Lève-toi, car l'hiver s'est enfui et voici le printemps! — Éveille, éveille-toi au renouveau! — Elle est froide — et engourdie! — Cette fois je la tenais pour morte : — cependant ce sont bien ses gémissements que j'ai entendus.

> (Il retire du buisson **Kundry** transie et sans voix, la porte près de là sur un tertre gazonné, lui frotte les mains et les tempes, lui insuffle de l'air dans la poitrine et fait tous ses efforts pour la rappeler à la vie.
> Enfin elle se réveille. Elle est, tout comme au premier acte, dans le costume sauvage de messagère du Graal; seul son visage est plus pâle, et sa physionomie ainsi que son attitude ont perdu leur rudesse. Elle fixe longtemps **Gurnemanz** du regard. Puis elle se lève, ordonne ses habits et sa chevelure, et, comme une servante, reprend aussitôt son service.)

Gurnemanz

O folle femme, n'as-tu donc pas un mot pour moi? Est-ce là toute la reconnaissance que tu as envers celui qui vient de t'éveiller du sommeil de la mort?

Kundry (incline lentement la tête, puis dit d'une voix rude et brisée)

Servir !..... Je veux servir ! —

Gurnemanz (secouant la tête).

Tu n'auras à ce faire que peu de peine. Car on n'envoie plus de messages ici ; chacun trouve lui-même les herbes et les plantes nécessaires : nous apprenons cela des animaux de la forêt.

(Cependant **Kundry** promène ses regards autour d'elle, aperçoit la hutte et y pénètre.)

Gurnemanz (la considérant avec étonnement).

Comme sa démarche diffère de jadis ! Est-ce le Vendredi Saint qui a accompli ce miracle ? O jour d'incomparable miséricorde ! C'est assurément pour son salut que je devais aujourd'hui chasser de cette malheureuse l'éternel sommeil.

(**Kundry** sort de la hutte ; elle porte une cruche à eau et s'en va à la source. En attendant que sa cruche soit pleine, elle regarde dans la forêt et voit venir quelqu'un dans le lointain ; elle se tourne vers **Gurnemanz** pour le lui faire remarquer).

Gurnemanz (explorant des yeux la forêt).

Qui s'approche là-bas de la source sacrée ? Il

est paré d'une sombre armure; ce n'est donc aucun de nos frères.

>(**Kundry** revient lentement vers l'ermitage avec sa cruche pleine d'eau, et y cherche à s'occuper.— **Gurnemanz** étonné se range un peu de côté, pour considérer l'arrivant, **Parsifal**, qui sort de la forêt. Il est tout de noir revêtu; le heaume fermé et l'épée basse, il s'avance lentement, la tête penchée, hésitant et rêveur, et s'assied auprès de la source, sur le petit tertre gazonné.)

Gurnemanz (l'observe longuement; puis faisant quelque pas vers lui).

Salut à toi, mon hôte ! Es-tu égaré et dois-je te montrer le chemin ?

>(**Parsifal** secoue doucement la tête.)

Gurnemanz

Tu ne me donnes pas le moindre salut ?

>(**Parsifal** incline la tête).

Gurnemanz

Hé ! — Quoi ? — Si ton serment te contraint au silence, le mien m'engage à te dire ce qu'il faut que tu saches. — Tu es ici dans un lieu sacré, et l'on ne doit pas, aujourd'hui surtout, y venir en armes, le heaume fermé, la lance et le bouclier en mains. Ne sais-tu pas quel est le saint jour d'aujourd'hui ?

>(**Parsifal** secoue la tête).

Tu ne le sais pas! D'où viens-tu donc, et chez quels païens pouvais-tu habiter, pour ignorer qu'aujourd'hui est le Vendredi Saint!

(**Parsifal** incline plus bas la tête.)

Pose vite ces armes, et n'offense pas le Seigneur qui, en ce jour, offrit son corps au martyre, et versa son sang divin pour racheter les péchés du monde.

(Après quelques instants de silence, **Parsifal** se lève vivement, plante la lance dans le sol, pose près d'elle son bouclier et son épée, ouvre son casque, l'ôte et le place à côté des autres armes; puis il tombe à genoux devant la lance et prie tout bas. **Gurnemanz** le considère avec un étonnement ému. Il appelle d'un signe **Kundry** qui vient de sortir de l'ermitage. **Parsifal** à ce moment est en fervente prière et lève ses pieux regards vers la pointe de sa lance.)

Gurnemanz (bas à **Kundry**).

Le reconnais-tu? C'est celui qui jadis abattit le cygne.

(**Kundry** répond affirmativement par un léger signe de tête.)

Assurément, c'est lui, ce fou que ma colère chassa de ces lieux. Ah! quels chemins a-t-il pu trouver? Cette lance, je la reconnais aussi.

(Avec une vive émotion.)

Oh! Saint et béni entre tous est le jour qui devait m'éveiller aujourd'hui.

(**Kundry** a détourné son visage.)

Parsifal (se relève peu à peu en terminant sa prière, regarde paisiblement autour de lui, reconnaît **Gurnemanz** et lui tend doucement la main pour le saluer.)

Que je suis heureux de te retrouver !

Gurnemanz

Ainsi tu me connais encore ? Tu me reconnais, si fort appesanti par la misère et la douleur ? Comment aujourd'hui es-tu venu vers nous ? Et d'où ?

Parsifal

J'ai suivi les sentiers de l'erreur et de la souffrance. M'en serais-je éloigné, tandis qu'à nouveau je perçois les bruissements de cette forêt et qu'une seconde fois je te salue, ô bon vieillard ? Ou bien — me serais-je encore égaré ? Tout me semble transformé.

Gurnemanz

Dis, vers qui cherches-tu le chemin ?

Parsifal

Vers lui, vers celui dont ma folie entendit un jour avec étonnement les plaintes amères, et à qui je crois apporter la grâce, de par la volonté de Dieu. — Mais, hélas! — une malédiction terrible qui me vouait à ne jamais trouver la voie du salut me fit errer longtemps en des lieux impraticables : d'innombrables misères, des combats ou des querelles me détournaient du bon chemin, chaque fois que je croyais l'avoir trouvé. Le désespoir alors remplit mon âme, car, pour ne pas violer la sainteté de ma relique (1), pour la cacher et la conserver toujours, il me fallut recevoir les blessures de tous. Il m'était défendu en effet d'user de cette arme pour combattre, et je tenais impolluée à mes côtés la lance que je rapporte en son sanctuaire, la lance qui là-bas resplendit majestueusement à tes yeux, — la sainte lance du Graal.

Gurnemanz

O miséricorde! O suprême salut! O miracle! Saint et sublime miracle! —

(Après s'être quelque peu ressaisi.)

Seigneur, si c'était une malédiction qui t'éloignait du bon chemin, sois assuré qu'elle est levée aujourd'hui. Tu es ici dans le royaume du Graal, dont les chevaliers attendent ta venue. Ah! ils ont besoin de la rédemption, de la rédemption que tu apportes! — Depuis le jour où tu vins ici, notre deuil et nos angoisses ne firent que s'accroître; —

---

(1) La lance d'Amfortas.

nous tombâmes en une affreuse détresse. Amfortas, impuissant à calmer le tourment de sa blessure et de son âme, implorait le trépas à grands cris : ni les supplications, ni les souffrances de ses chevaliers ne pouvaient plus le résoudre à officier encore. Depuis longtemps déjà le Graal reste enfermé dans son tabernacle : son gardien repentant, qui ne peut mourir tant qu'il le contemple, espère ainsi lui arracher sa mort, et, par elle, mettre une fin à son supplice. La sainte communion, qui nous donne la vie, nous est désormais refusée, et, privés d'elle, nos héros voient chaque jour se consumer leurs forces : des pays lointains ne nous vient plus aucun message, aucun appel aux combats sacrés ; languissante et misérable, notre chevalerie, sans courage et sans chef, se traîne en chancelant. Pour moi, je me suis retiré dans la solitude de ce coin de forêt, où j'attends paisiblement la mort, qui est échue déjà à notre vieux suzerain ; car Titurel, mon saint héros, que ne ranimait plus maintenant la vue du Graal, Titurel a rendu l'âme, — comme tous les hommes !

Parsifal (se dressant de douleur).

Et moi, — moi, je suis l'auteur de toutes ces misères ! Ha ! Sous le poids de quelles fautes, de quels forfaits, cette tête insensée est-elle accablée depuis des siècles, pour que nul repentir et nulle pénitence ne pussent éteindre ma folie, et que la suprême voie du salut disparût à mes yeux, aux yeux du rédempteur élu de Dieu, qui s'égara longtemps en une folle errance.

> (Il est près de s'évanouir. Alors **Gurnemanz** le soutient et l'assied sur le tertre gazonné. Cependant **Kundry** est allée chercher une coupe d'eau pour en asperger **Parsifal**.)

> **Gurnemanz** (repoussant **Kundry**).

Pas ainsi ! — Que la source sainte elle-même ranime par le bain notre pèlerin. Je pressens qu'il a un grand œuvre, une sainte mission à remplir en ce jour ; il faut donc ôter de son corps, par une ablution, la poussière de ses longues erreurs.

> (Tous deux tournent doucement **Parsifal** vers le bord de la source. Pendant que **Kundry** lui dénoue ses cuissards et lui lave les pieds, **Gurnemanz** lui ôte sa cuirasse.)

> **Parsifal** (d'une voix douce et éteinte).

Serai-je aujourd'hui même conduit à Amfortas ?

> **Gurnemanz** (tandis qu'il s'occupe à défaire l'armure de Parsifal).

Assurément, car l'auguste « burg » nous attend : les funérailles de mon bien-aimé suzerain m'appellent elles-mêmes là-bas. Amfortas nous y a aussi solennellement convoqués pour, une fois encore, nous découvrir aujourd'hui le Graal, et exercer son divin sacerdoce, longtemps délaissé ;

— il veut sauver ainsi son illustre père et racheter le péché filial, qui fut la cause de sa mort. —

Parsifal (regardant **Kundry** avec étonnement).

Tu m'as purifié les pieds. — Que maintenant mon ami me purifie la tête.

Gurnemanz (puisant de l'eau de la source avec la main et en aspergeant la tête de **Parsifal**).

Sois béni, homme Pur, par l'eau pure ! Et que le tourment du péché s'évanouisse en toi !

(Pendant ce temps, **Kundry** a tiré de son sein un petit flacon et a versé une partie de son contenu sur les pieds de **Parsifal** qu'elle essuie maintenant avec ses cheveux dénoués à la hâte.)

Parsifal (lui prenant le flacon).

Puisque tu viens de m'oindre les pieds, que le compagnon de Titurel me purifie la tête et qu'aujourd'hui il me nomme son roi !

Gurnemanz (verse le flacon en entier sur la tête de **Parsifal**, la frotte doucement, puis croise les mains sur elle).

Puisque ainsi il nous est ordonné, je te bénis et te salue comme notre roi. O homme Pur, — ô miséricordieux Martyre, toi qui es savant et fertile en miracles, puisque tu as souffert les souffrances de celui que tu as racheté, ôte donc à sa tête son dernier fardeau (1).

Parsifal (puise furtivement de l'eau à la source, se penche vers **Kundry** encore agenouillée devant lui et lui mouille la tête).

Ainsi je remplis mon premier office. — Reçois le Baptême et crois au Rédempteur !

(**Kundry** incline la tête vers le sol, et paraît verser d'abondantes larmes.)

Parsifal (se retournant et jetant ses regards ravis vers la forêt et la prairie).

Oh ! que belle aujourd'hui me semble la prairie ? — J'ai bien rencontré sans doute des Fleurs merveilleuses, qui s'élevaient amoureusement jusqu'au haut de ma tête ; mais jamais je ne vis de si tendres tiges, ni de si délicates corolles ; jamais tout ainsi, autour de moi, n'avait fleuré des parfums si suaves, ni ne m'avait parlé un langage si doux.

Gurnemanz

C'est le charme du Vendredi Saint, Seigneur !

---

(1) La couronne de Montsalvat.

Parsifal

O malheur! O jour de souffrances suprêmes! Ne semble-t-il pas qu'autour de nous tout ce qui fleurit, tout ce qui respire, tout ce qui vit et revit ne devrait aujourd'hui que s'endeuiller, hélas! et pleurer!

Gurnemanz

Tu vois qu'il n'en n'est rien. Ce sont les larmes du pécheur repentant qui, le Vendredi Saint, arrosent d'une sainte et fécondante rosée les champs et la prairie. Toute la création se réjouit en ce jour du bienfaisant sacrifice du Sauveur, et veut vers lui élever sa prière. Ne pouvant plus le contempler lui-même sur la Croix, elle lève ses regards vers l'humanité sauvée, dont l'âme, libre aujourd'hui des douleurs et de l'angoisse du péché, est purifiée et sanctifiée par le martyre du Dieu d'amour. Et la tige et la fleur des prés remarquent que, le Vendredi Saint, le pied de l'homme ne les écrase point.

Comme Dieu fut plein de miséricorde et s'immola pour lui avec un céleste courage, l'homme, en ce jour, animé d'une pieuse bienveillance, épargne les fleurs et les presse d'un pas léger. Aussi toute la création, tout ce qui fleurit là et n'est qu'éphémère, lui chante une action de grâces, parce que la nature rachetée voit luire son jour d'innocence.

(**Kundry** a lentement relevé la tête, et, les yeux humides de larmes, lève un regard grave et paisiblement suppliant vers **Parsifal**.)

Parsifal (à **Kundry**).

Je vis se faner autrefois les Fleurs qui me sourirent (1); ne demandent-elles pas aujourd'hui leur rédemption ? Tes pleurs seront également pour elles une rosée salutaire : tu pleures — vois, la prairie est souriante.

> (Il l'embrasse doucement sur le front. Au loin on entend un bruit de cloches qui s'enfle lentement.)

Gurnemanz

Midi. — Voici l'heure. — Permets, Seigneur, que ton serviteur t'accompagne ! —

> (**Gurnemanz** est allé chercher sa cotte et son manteau de chevalier du Graal. Aidé de **Kundry**, il en habille **Parsifal**. Insensiblement comme au premier acte, mais cette fois de droite à gauche, la contrée se transforme. **Parsifal** saisit sa lance avec un geste solennel, et, ainsi que **Kundry**, suit lentement **Gurnemanz** qui les guide. La forêt une fois disparue, et les portes de pierre ouvertes, dans lesquelles on les perd de vue tous les trois, on aperçoit le long des galeries voûtées les cortèges des chevaliers qui s'avancent en habits de deuil au son grandissant des cloches. — Enfin toute l'abside du « burg » apparait, comme au premier acte (sans les tables cependant). La lumière est sombre. Les portes se rouvrent. D'un côté rentrent les chevaliers, apportant le cadavre de **Titurel** dans son cercueil. De l'autre

---

(1) Les filles enchanteresses de Klingsor.

arrive **Amfortas** porté sur sa litière; devant lui est le tabernacle voilé, contenant le Graal. Au milieu de l'abside se dresse un catafalque; derrière et élevé le siège à baldaquin, sur lequel on dépose à nouveau **Amfortas**.)

(Les chevaliers chantent pendant l'entrée des cortèges.)

Premier cortège (portant le Graal et **Amfortas**).

Nous accompagnons au saint office le Graal enfermé dans son tabernacle. Qui donc cachez-vous dans cette sombre châsse et conduisez-vous ici, en habits de deuil?

Deuxième cortège (portant le cercueil de **Titurel**).

Cette châsse renferme le héros, le puissant et saint héros, aux soins duquel Dieu jadis se donna. C'est Titurel qu'ici nous apportons.

Premier cortège

Qui l'a abattu celui qui autrefois, sous l'égide de Dieu, gardait Dieu lui-même?

Deuxième cortège

C'est le poids accablant de la vieillesse qui l'a abattu, parce qu'il ne contemplait plus le Graal.

Premier cortège

Qui donc lui défendait de contempler le Graal miséricordieux ?

Deuxième cortège

Celui que vous accompagnez là-bas, le coupable gardien du sanctuaire.

Premier cortège

Nous l'accompagnons aujourd'hui encore : — car pour la dernière fois — il veut officier.

Deuxième cortège

Malheur! Malheur! O protecteur des saintes reliques ! Sois exhorté à ton office une dernière fois !

> (La châsse est déposée sur le catafalque et **Amfortas** sur son lit de repos.)

Amfortas

Ah ! oui, malheur ! Malheur à moi ! Volontiers je pousse avec vous ce cri et plus volontiers encore j'accepterais de vous la mort, la plus douce pénitence du péché !

> (On vient d'ouvrir le cercueil. A la vue du cadavre de **Titurel**, ils poussent tous un violent gémissement.

Amfortas (se levant droit sur sa litière, les regards dirigés vers le cadavre).

Mon père ! O le plus vénéré des Héros ! O le plus Pur d'entre les hommes, Toi devant qui jadis les anges s'inclinaient. Moi qui seul voulais mourir, moi — je suis la cause de ta mort ? Toi qui contemples à cette heure le Sauveur en sa splendeur divine, implore de lui que, si sa bénédiction doit apaiser encore mes frères et si son sang béni leur donne une vie nouvelle, à moi il m'accorde enfin — la mort ! La mort ! — Mourir ! Unique grâce pour moi ! O l'horrible blessure ! Qu'un mortel poison la ferme, et me ronge et m'éteigne le cœur ! Mon père, — c'est Toi que j'invoque, afin qu'en retour Tu l'implores et lui dises : « Sauveur, donne à mon fils le repos éternel ! »

Les chevaliers (se pressant les uns les autres auprès d'**Amfortas**).

Découvrez le tabernacle ! — Officie ! Ton père t'y invite. — Il le faut ! Il le faut !

Amfortas (se dressant de rage et de désespoir et se précipitant au milieu des chevaliers qui reculent d'effroi).

Non ! — Jamais plus ! — Ha ! — Déjà je sens la mort qui m'enveloppe, — et je devrais revivre une fois encore ! O insensés ! Qui de vous veut me contraindre à la vie ? Ne pouvez-vous enfin me donner la mort ?

(Il arrache sa cotte.)

Me voici ! — Et voici ma blessure béante ! Oh ! ce qui m'empoisonne, c'est de voir en ce lieu se répandre mon sang. Tirez vos glaives et plongez-les dans mon sein profondément — profondément, jusqu'à la garde ! Levez-vous, héros ! Achevez le pécheur ainsi que ses tortures, et alors le Graal resplendira de lui-même pour vous.

> (Tous, effrayés, se sont écartés de lui. **Amfortas** seul est debout en une indicible extase. **Parsifal**, accompagné de **Gurnemanz** et de **Kundry**, est apparu sans être remarqué parmi les chevaliers. Maintenant il s'avance et étend sa lance avec la pointe de laquelle il touche le flanc d'**Amfortas**.

Parsifal

Il n'est qu'une arme qui soit bonne : — seule fermera la blessure la lance qui l'ouvrit.

> (Le visage d'**Amfortas** s'illumine d'un saint ravissement ; il semble défaillir sous le coup d'une vive émotion. **Gurnemanz** le soutient.)

Parsifal

Sois sauvé, racheté, pardonné ! Car je remplirai désormais ton office ! Que bénie soit ta souffrance, qui donna à l'insensé timide le suprême courage de la miséricorde et la puissance de la divine foi ! La sainte Lance — je vous la rapporte ! —

> (Tous dirigent d'extatiques regards vers la lance que **Parsifal** tient levée, et dont il contemple la pointe, en prononçant ces paroles) :

O sublime félicité d'un splendide miracle ! — De cette lance qui devait fermer ta blessure, je vois couler le sang divin ; je la vois aspirer elle-même à la source parente de la coupe du Graal ! Jamais plus le calice ne sera renfermé dans sa châsse ! Découvrez le Graal ! Ouvrez le tabernacle !

(Les pages ouvrent le tabernacle. **Parsifal** en sort le Graal et s'abîme, en priant, dans sa contemplation. Le Graal rayonne et les nimbe tous d'une glorieuse auréole. — **Titurel**, un instant ressuscité, se dresse dans son cercueil et les bénit. — De la coupole descend une colombe qui vient planer au-dessus de la tête de **Parsifal**. Celui-ci incline doucement le Graal devant les chevaliers en extase. **Kundry**, les yeux fixés sur **Parsifal**, tombe inanimée à ses pieds. **Amfortas** et **Gurnemanz**, à genoux, rendent hommage au héros.)

Tous (tandis que quelques voix, à peine perceptibles, des cîmes et à mi-hauteur de la coupole, se mêlent aux leurs).

Voilà le miracle du suprême salut :
Rédemption au Rédempleur !

(Le rideau tombe).

TABLE DES MATIÈRES

	Pages
Introduction	7
Notice biographique	11
Notice énumérative des œuvres de Richard Wagner.	27
Tannhœuser	35
Lohengrin	99
Parsifal	185

17129. — Bordeaux. — Imp. G. Delmas, rue Saint-Christoly, 10.

Achevé d'imprimer

le

14 Août 1896.

www.ingramcontent.com/pod-product-compliance
Lightning Source LLC
Chambersburg PA
CBHW070616170426
43200CB00010B/1803